# Korean Speaking for University Life

# 대학 생활을 위한 한국어 말하기

초급 I

Japanese/Chinese/English

Beginning Level I

연세대학교 한국어학당 편

연세대학교 출판문화원

# 머리말

국내 최고의 명성으로 한국어 교육의 50년 전통을 이어 온 연세대학교 언어연구교육원 한국어학당에서는 한국어 교육의 질을 높이기 위해 그동안 많은 교재를 편찬해 왔다. 최근 한국 내 대학, 대학원에서 수학하고 있거나 진학하고자 하는 외국인이 증가함에 따라 학문을 목적으로 하는 한국어 교재에 대한 학습자들의 요구가 높아지고 있다. 이에 따라 연세대학교 언어연구교육원 한국어학당에서는 대학 수학을 목적으로 하는 외국인 유학생들을 대상으로 한국어와 한국 문화를 교육할 수 있는 새로운 교재를 출간하게 되었다.

연세대학교 언어연구교육원 한국어학당에서 출간하는 이 교재는 대학 생활에 필요한 의사소통 기능을 집중적으로 향상시킬 수 있는『대학 생활을 위한 한국어』시리즈와 대학에서의 수학 능력을 집중적으로 향상시킬 수 있는『대학 강의 수강을 위한 한국어』시리즈로 되어 있다.『대학 생활을 위한 한국어』시리즈는 초급 학습자를 위한『대학 생활을 위한 한국어 초급Ⅰ』,『대학 생활을 위한 한국어 초급Ⅱ』, 중급 학습자를 위한『대학 생활을 위한 한국어 중급Ⅰ』,『대학 생활을 위한 한국어 중급Ⅱ』로 되어 있으며,『대학 강의 수강을 위한 한국어』시리즈는 중급 학습자를 위한『대학 강의 수강을 위한 한국어 중급Ⅰ』,『대학 강의 수강을 위한 한국어 중급Ⅱ』, 그리고 고급 학습자를 위한『대학 강의 수강을 위한 한국어 고급』으로 되어 있다.

『대학 생활을 위한 한국어』시리즈는 한국어 학습 단계별로 요구되는 내용을 주제로 말하기, 듣기, 쓰기 능력을 향상할 수 있도록 다양한 과제와 활동으로 구성된 분리형 교재이다. 그리고『대학 강의 수강을 위한 한국어』시리즈는 대학 수학에서 요구되는 기능과 장르를 중심으로 말하기, 듣기, 쓰기, 읽기 능력을 향상할 수 있도록 실용적인 과제와 활동으로 구성된 분리형 교재이다. 이들 교재에서는 학습자들이 흥미를 가질 수 있는 주제와 상황을 기초로 여러 가지 의사소통 기능 및 전략을 배울 수 있도록 배려하였다.

『대학 생활을 위한 한국어』와『대학 강의 수강을 위한 한국어』가 연세대학교 언어연구교육원 한국어학당에서 공부하는 학생들뿐만 아니라 한국 내에서 대학, 대학원 수학을 목적으로 하고 있는 모든 한국어 학습자들에게 도움이 되기를 바란다.

연세대학교 언어연구교육원
한국어학당 교재편찬위원회

# preface

With more than 50 years of tradition in the Korean Language Education field, Korean Language Institute of the Yonsei University Institute of Language Research and Education has published numerous textbooks to promote the quality of Korean Language Education. In the recent years, the need for Korean Language textbooks for academic purpose has been increasing along with the growth of the foreign students who are studying in undergraduate or graduate programs at universities in Korea. To this end, Korean Language Institute of the Yonsei University Institute of Language Research and Education came to publish new textbooks to teach Korean language and culture to foreign students, who are studying in Korea for academic purpose.

These textbooks, which are published by Korean Language Institute of the Yonsei University Institute of Language Research and Education, are comprised of two textbook series: 『Korean for University Life』 series for strengthening the conversational ability needed for university life; and 『Academic Korean』 series for strengthening the capacity to take classes in Korean. 『Korean for University Life』 series is comprised of: 『Korean for University Life Beginner's Level 1 & 2』 for beginner students, 『Korean for University Life Intermediate Level 1 & 2』 for intermediate level students. 『Academic Korean』 series is consisted of 『Academic Korean Intermediate 1 & 2』 for intermediate level students and 『Academic Korean Advanced』 for advanced level students.

While 『Korean for University Life』 is a textbook series composed of various kinds of tasks and activities under themes by different learning levels to promote students' ability to speak, listen and write, 『Academic Korean』 is a textbook series to promote speaking, listening, writing and reading abilities that are essential while studying in the undergraduate programs at universities. These textbooks draw interests of the learners by allowing them to acquire communicative functions and strategies based on themes and situations that are closely relevant to college students.

We also hope and intend that 『Korean for University Life』 and 『Academic Korean』 series will not only help the Yonsei Korean Language Institute students but also any students who wish to continue to pursue their undergraduate or graduate studies in Korea.

Yonsei University Institute of Language Research and Education
Korean Language Institute Textbook Compilation Committee

# はじめに

国内最高の名声で韓国語教育の50年の伝統を続けてきた延世大学言語研究教育院韓国語学堂では韓国語教育の質を高めるためにこれまで多くの教材を編纂してきた。

国内最高の名声を誇り、韓国語教育のでも多くの教材を編纂して来た。最近、韓国内の大学や大学院で修学していたり進学しようとする外国人が増加するに従って、学問を目的とする韓国語教材に対する学習者たちの要求が高まっている。そこで、延世大学校言語研究教育院韓国語学堂では大学修学を目的とする外国人留学生たちを対象に韓国語と韓国文化を教育することができる新しい教材を出刊することになった。

延世大学校言語研究教育院韓国語学堂が出刊するこの教材は、大学生活に必要なコミュニケーション機能を集中的に向上させることができる 《大学生活のための韓国語》シリーズと、大学での修学能力を集中的に高めることができる 《大学講義受講のための韓国語》シリーズの２つからなっている。《大学生活のための韓国語》シリーズは初級学習者のための 《大学生活のための韓国語初級Ⅰ》, 《大学生活のための韓国語初級Ⅱ》 中級学習者のための《大学生活のための韓国語中級Ⅰ》, 《大学生活のための韓国語中級Ⅱ》があり、《大学講義受講のための韓国語》シリーズは中級学習者のための《大学講義受講のための韓国語中級Ⅰ》, 《大学講義受講のための韓国語中級Ⅱ》, そして高級学習者のための《大学講義受講のための韓国語高級》がある。

《大学生活のための韓国語》シリーズは韓国語学習の段階別に求められる内容を主題に、会話, 聞き取り,作文能力が向上するように多様な課題と活動で構成された分離型教材だ。そして 《大学講義受講のための韓国語》シリーズは大学修学の際に求められる機能とジャンルを中心に会話, 聞き取り, 作文, 読解能力が向上するように実用的な課題と活動で構成された分離型教材だ。これらの教材は学習者たちが興味を持つことができる主題と状況をパターンとしてさまざまなコミュニケーション機能及び戦略を学べるよう配慮した。

《大学生活のための韓国語》と《大学講義受講のための韓国語》が延世大学校言語研究教育院韓国語学堂で勉強する学生たちだけではなく、韓国内で大学や大学院修学を目的とするすべての韓国語学習者たちの役に立つ事を願う。

延世大学校言語研究教育院
韓国語学堂 教材編纂委員会

# 前言

国内最富盛名、传承了韩国语教育的50年优良传统的延世大学语言研究教育院韩国语学堂，以提高韩国语教育的质量己任，编辑了大量优质教材。

最近，随着在韩国国内的大学及大学院中学习及即将入学的外国人的增加，对以学术为目的的韩国语教材的需求与日俱增。因此，面向以在大学学习为目的的外国留学生，延世大学语言研究教育院韩国语学堂出版了能教授韩国语及韩国文化的新教材。

延世大学语言研究教育院韩国语学堂出版的这本教材，由能集中提高大学生活需要的基本沟通能力的《大学生活韩国语》系列，及集中提高大学听课能力的《大学听课韩国语》系列组成。

《大学生活韩国语》系列由面向初级学者的《大学生活初级韩国语Ⅰ》，《大学生活初级韩国语Ⅱ》面向中级学者的《大学生活中级韩国语Ⅰ》，及《大学生活中级韩国语Ⅱ》组成。

《大学听课韩国语》系列由面向中级学者的《大学听课中级韩国语Ⅰ》，《大学听课中级韩国语Ⅱ》，以及面向高级学者的《大学听课高级韩国语》组成。

《大学生活韩国语》系列是一套分类型教材，本教材以韩国语学习各等级要求的内容为主题，由以能提高学习者的口语，听力，写作能力的丰富多样的作业及活动构成。

另外，《大学听课韩国语》系列是一套分类型教材，本教材以大学听课中所需的能力及体裁为中心，由以能提高学习者的口语，听力，写作，阅读能力的实用型的作业及活动构成。这些教材以激发学习者兴趣的主题和情景为基础，并考虑到了教授学生各种沟通能力及技巧。

希望《大学生活韩国语》及《大学听课韩国语》系列教材，对在延世大学语言研究教育院韩国语学堂中学习的学生，以及在韩国国内大学及大学院上学的所有韩国语学习者们有所帮助。

延世大学语言研究教育院
韩国语学堂 教材编辑委员会

# 일러두기

- 『대학 생활을 위한 한국어 말하기 초급』은 총 10개의 과로 이루어져 있고 뒤에 어휘 색인, 문법 색인이 학습자를 위한 자료로 붙어 있다.
- 각 과는 4 개의 항으로 구성되며, 각 항에서는 제목과 함께 담화 형식 및 기능이 드러나도록 학습목표를 제시한다.
- 각 항은 모두 세 단계로 구성되며, 이는 **【준비해 봅시다】**, **【이야기해 봅시다】**, **【정리해 봅시다】**로 구성된다.
- **【준비해 봅시다】**는 도입 단계로서 항의 상황이나 주제를 도입할 수 있는 지문으로 구성된 담화를 듣는 활동으로 구성된다.

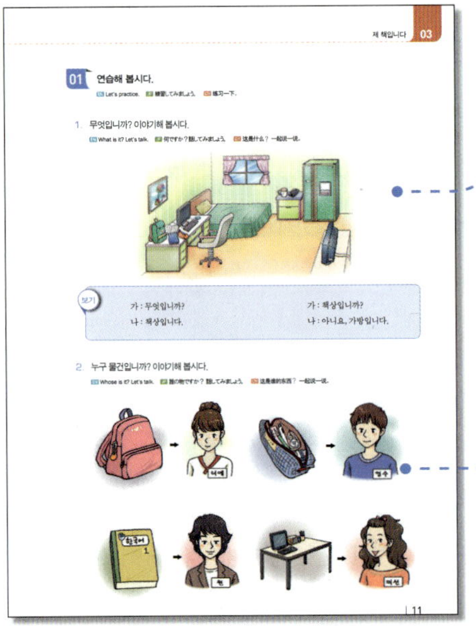


**주제 및 도입 듣기의 이해를 확인하고 말하기 활동을 준비할 수 있는 삽화와 질문을 제공한다.**

- **【이야기해 봅시다】**는 총 3단계로 구성된다.

**각 항의 학습목표에 적절한 어휘 및 문법 등의 표현 목록을 제시한다.**

**【이야기해 봅시다】【01】단계에서는 전체 담화 구성요소를 중심으로 이를 두 부분으로 분리하여 각 부분을 연습할 수 있도록 모범대화와 과제 활동지가 제시된다.**

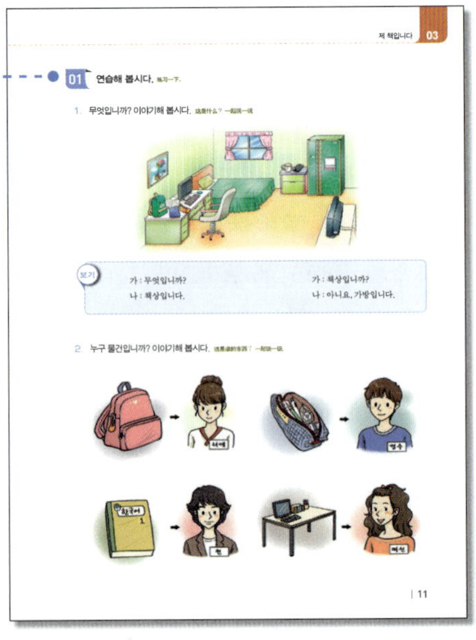

제1과 인사와 소개

보기
가 : 미선 씨 가방입니까?
나 : 아니요, 제 가방이 아닙니다. 리에 씨 가방입니다.

02 〈보기〉와 같이 대화를 완성해 봅시다.

보기
가 : 여기는 어디입니까?
나 : 한국어 교실입니다.
가 : 이것은 웨이 씨 가방입니까?
나 : 아니요, 제 가방이 아닙니다. 미선 씨 가방입니다.

12 | 대학 생활을 위한 한국어 말하기 (초급)

【이야기해 봅시다】【02】단계에서는 이전 단계에서 분리 연습한 담화를 전체적으로 다양한 상황에서 연습할 수 있도록 과제 활동지와 모범대화가 제시된다.

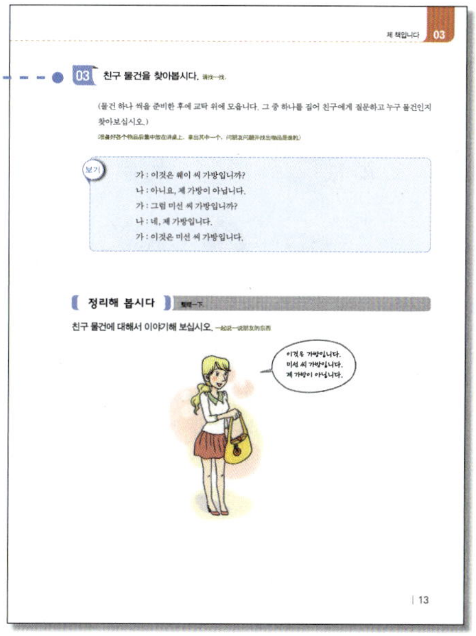
제 책입니다 03

03 친구 물건을 찾아봅시다.

(물건 하나 씩을 준비한 후에 교탁 위에 모읍니다. 그 중 하나를 집어 친구에게 질문하고 누구 물건인지 찾아보십시오.)

보기
가 : 이것은 웨이 씨 가방입니까?
나 : 아니요, 제 가방이 아닙니다.
가 : 그럼 미선 씨 가방입니까?
나 : 네, 제 가방입니다.
가 : 이것은 미선 씨 가방입니다.

【 정리해 봅시다 】

친구 물건에 대해서 이야기해 보십시오.



| 13

【이야기해 봅시다】【03】단계는 학습자가 자신의 상황에 맞도록 혹은 주제와 관련하여 다양한 담화를 구성할 수 있도록 하는 심화 확장 단계로서 다양한 활동지가 제시된다.

- **【정리해 봅시다】**는 말하기 활동에 대한 평가 혹은 유사한 경험과의 비교나 연계를 통해 말하기 활동을 정리하고 마무리한다.

# How To Use This Book

- 'Korean for University Life-Speaking Beginner's Level' is comprised of ten chapters along with supplementary materials such as vocabulary and grammar index.
- Each chapter is formed of four sections, and each of the sections displays the title and objectives of the section to expose the form and function of the discourse.
- The three steps of each section are [Let's prepare], [Let's talk] and [Let's review].
- [Let's prepare], an introductory step, is formed of listening activity to introduce the learners to the situation or theme of the section. 으로 구성된다.

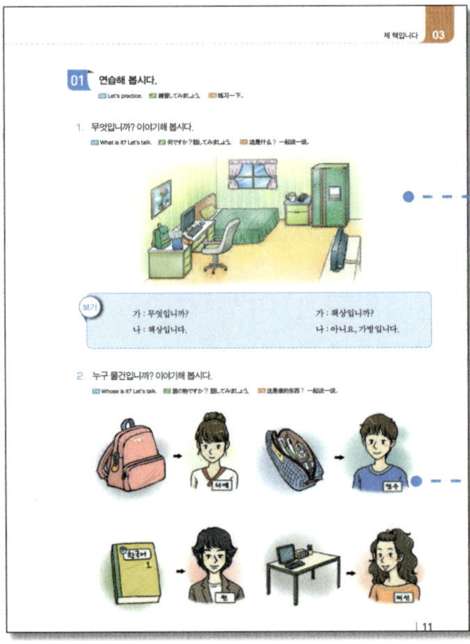

This provides illustrations and questions to confirm if you have understood the theme and the introductory listening part correctly, and prepare for speaking activities.

- [Let's talk] is formed of three steps.

This provides a list of relevant vocabulary and grammar expressions of each section.

[Let's talk] [01] separates all the components of the discourse into two parts, and provides a sample conversation and an activity to allow the learners to practice each part.

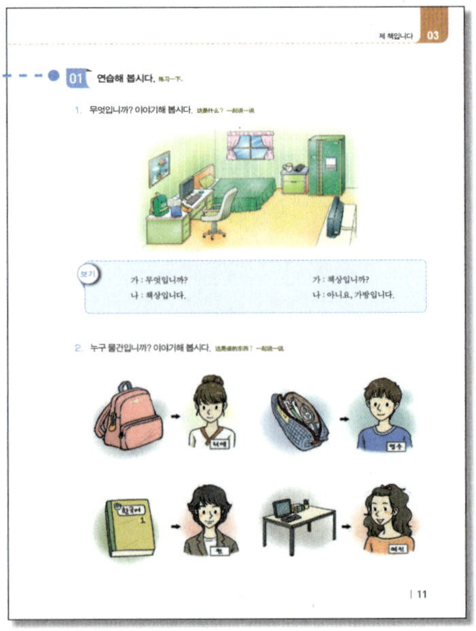

[Let's talk] [02] step provides a sample conversation and an activity to allow the learners to integrate the discrete conversations that they have practiced in the previous step.

[Let's talk] [03] step provides various activities to allow the learners to make a conversation according to different situations or themes.

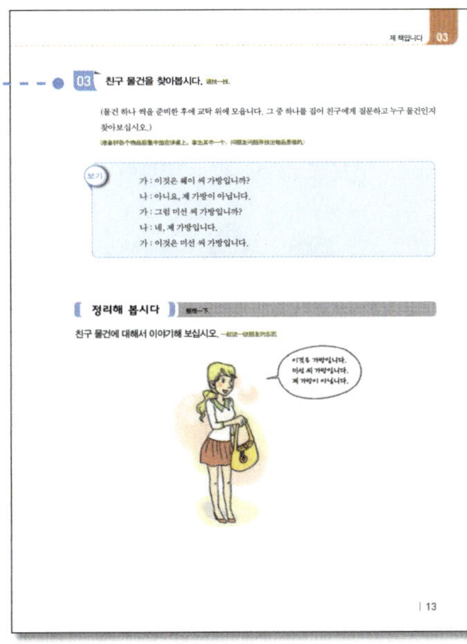

- [Let's review] wraps up the speaking activities through making a comparison and contrast to personal experiences or evaluation of the speaking activities.

# 凡例

- ‘大学生活 会話 初級’は10の単元からなり、後ろには学習者のための資料として語彙索引、文法索引が付いている。
- 各課は4つの項で構成されている。各項では題名と共に会話の形式及び機能が判るように学習目標を提示した。
- 項は【準備しましょう】,【話してみましょう】,【まとめ】の3つの段階で構成されている。
- 【準備しましょう】は導入の段階として、各項の状況や主題を説明する会話を聴く活動で構成されている。

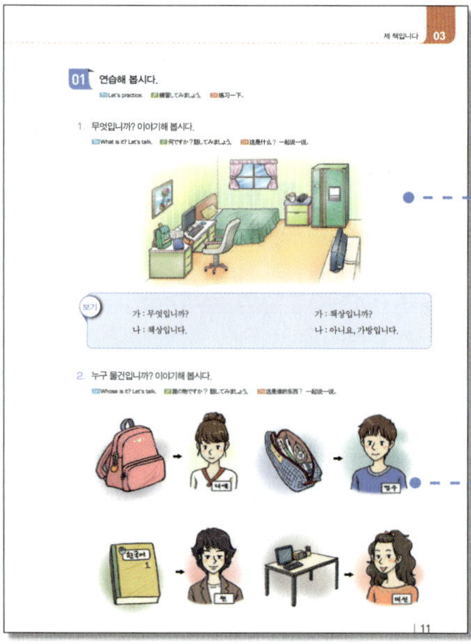


主題及び導入のための聴き取りが理解できたかを確認し、会話学習の準備のための挿絵と質問を提示する。

- 【話してみましょう】は3段階で構成されている。

各項の学習目標に適切な語彙や文法などの表現目録を提示する。

【話してみましょう】【01】段階では会話の構成要素を中心に、これらを2つに分けてそれぞれの部分を練習することが出来る模範会話と課題練習問題が提示される。

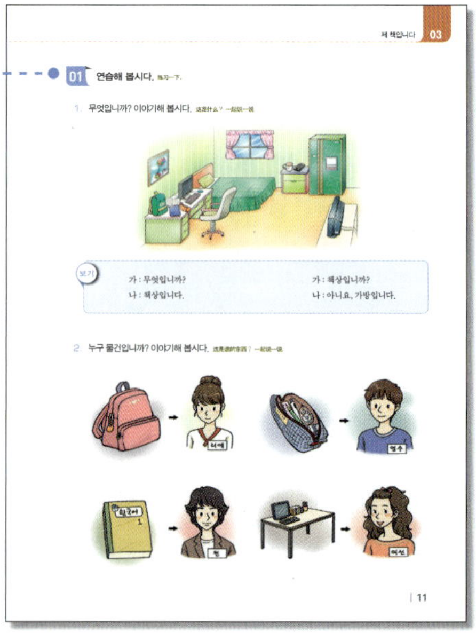

제1과 인사와 소개

보기
가 : 미선 씨 가방입니까?
나 : 아니요, 제 가방이 아닙니다. 리에 씨 가방입니다.

02 〈보기〉와 같이 대화를 완성해 봅시다.



보기
가 : 여기는 어디입니까?
나 : 한국어 교실입니다.
가 : 이것은 웨이 씨 가방입니까?
나 : 아니요, 제 가방이 아닙니다. 미선 씨 가방입니다.

대학 생활을 위한 한국어 말하기 (초급)

12

【話してみましょう】【02】 段階では前の段階で別々に練習した会話を全体的に様々な状況で使えるように練習できる課題練習問題と模範会話が提示される。

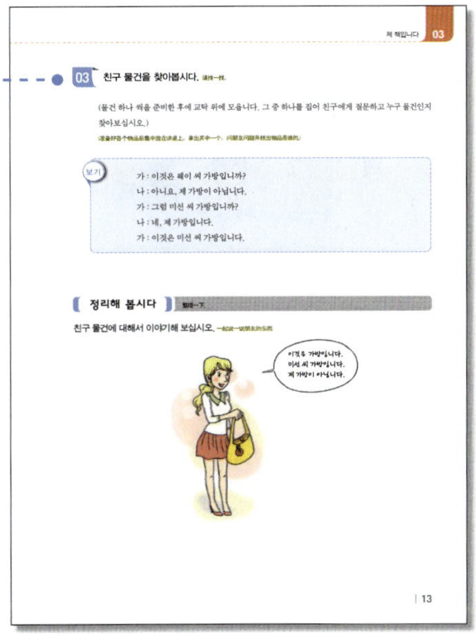
제 책입니다 03

03 친구 물건을 찾아봅시다.

(물건 하나 씩을 준비한 후에 교탁 위에 모읍니다. 그 중 하나를 집어 친구에게 질문하고 누구 물건인지 찾아보십시오.)

보기
가 : 이것은 웨이 씨 가방입니까?
나 : 아니요, 제 가방이 아닙니다.
가 : 그럼 미선 씨 가방입니까?
나 : 네, 제 가방입니다.
가 : 이것은 미선 씨 가방입니다.

【 정리해 봅시다 】

친구 물건에 대해서 이야기해 보십시오.



13

【話してみましょう】【03】 段階は学習者が自分の状況に合わせて、または主題と関連した様々な会話を作り出せるようにする応用段階として様々な練習問題が提示される。

- 【まとめ】 は会話の活動についての評価、または類似した体験との比較や連係を通して会話学習を整理しまとめる。

# 编写说明

- ‘大学生活口语初级’ 这本书一共分为10课，后面的词汇索引，语法索引是为学习者而准备的资料。
- 每课由四项组成。 在提出每项的题目和学习目标的同时展示出该项的作用。
- 每项由【准备一下】【说一说】【整理一下】三个阶段构成。
- 【准备一下】部分作为导入阶段, 由听对话活动构成, 对话中包含能引导该项背景情况及主题的问题。

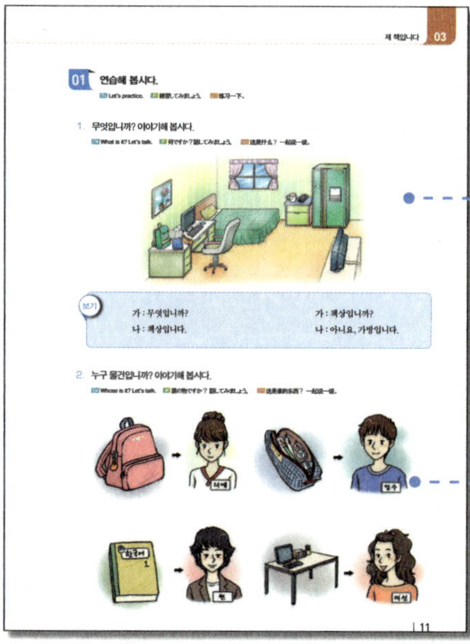
제 책입니다 03

01 연습해 봅시다.

1. 무엇입니까? 이야기해 봅시다.

보기
가 : 무엇입니까?
나 : 책상입니다.
가 : 책상입니까?
나 : 아니요, 가방입니다.

2. 누구 물건입니까? 이야기해 봅시다.

| 11

确认学生对主题和导入听力的理解，并提供用来准备口语练习的插画及问题。

- 【说一说】部分由3个阶段组成。

提供适合各项学习目标的词汇及语法等表达目录。

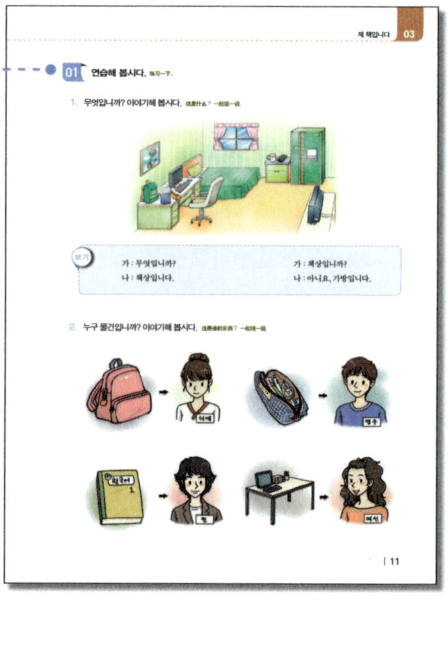
제 책입니다 03

01 연습해 봅시다.

1. 무엇입니까? 이야기해 봅시다.

보기
가 : 무엇입니까?
나 : 책상입니다.
가 : 책상입니까?
나 : 아니요, 가방입니다.

2. 누구 물건입니까? 이야기해 봅시다.

| 11

【说一说】部分的第一阶段中，以整体对话构成要素为中心，并将其分成两部分，提供示范对话及作业活动，使学习者可以分别练习各个部分。

제1과 인사와 소개

보기
가 : 미선 씨 가방입니까?
나 : 아니요, 제 가방이 아닙니다. 리에 씨 가방입니다.

02 〈보기〉와 같이 대화를 완성해 봅시다.



보기
가 : 여기는 어디입니까?
나 : 한국어 교실입니다.
가 : 이것은 웨이 씨 가방입니까?
나 : 아니요, 제 가방이 아닙니다. 미선 씨 가방입니다.

대학 생활을 위한 한국어 말하기 (초급)

12

【说一说】部分的第二阶段中，提供示范对话及作业活动，使学习者可以在各种不同情况下，综合练习前一阶段中分开练习过的对话。

【说一说】部分的第三阶段作为深化加强阶段，提供多种多样相关的活动，让学习者能编出与自身情况相符，或与主题相关的对话。

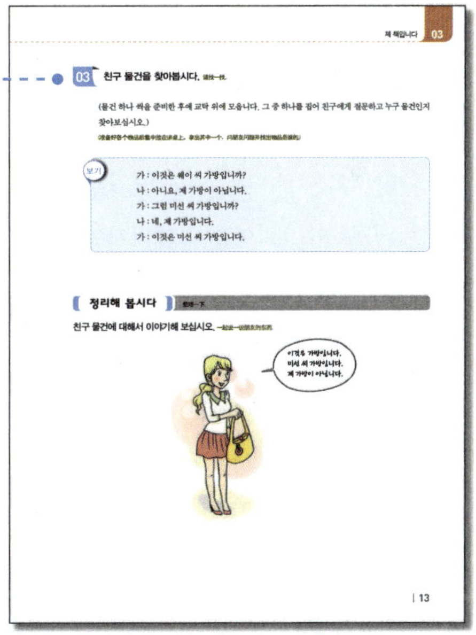
제 책입니다 03

03 친구 물건을 찾아봅시다.

(물건 하나 씩을 준비한 후에 교탁 위에 모읍니다. 그 중 하나를 집어 친구에게 질문하고 누구 물건인지 찾아보십시오.)

보기
가 : 이것은 웨이 씨 가방입니까?
나 : 아니요, 제 가방이 아닙니다.
가 : 그럼 미선 씨 가방입니까?
나 : 네, 제 가방입니다.
가 : 이것은 미선 씨 가방입니다.

정리해 봅시다

친구 물건에 대해서 이야기해 보십시오.



13

- 在【整理一下】部分中，通过对口语练习进行评价，或者与此类似经历的比较及联系，对口语练习进行整理及收尾。

# 차례

# 내용 구성

| 과 | 주제 | 제목 | 어휘 | 표현 | 과제 |
|---|---|---|---|---|---|
| 1 | 인사와 소개 | 처음 뵙겠습니다 | 안녕하다, 반갑다, 고맙다, 미안하다, 괜찮다 | 인사 표현 | 인사하기 |
| | | 저는 한국 사람입니다 | 나라 이름, 직업 이름 | 입니까?, 입니다 | 국적과 직업 말하기 |
| | | 제 책입니다 | 의문사, 네, 아니요 | 이/가 아닙니다 | 물건 소개하기 |
| | | 저는 잘 웃습니다 | 동사[1], 형용사[2] | 이/가, -습니까? -습니다 | 자기 소개하기 |
| 2 | 학교 | 지도는 없습니다 | 교실 사물 이름, 형용사[2] | 도, 은/는 | 교실 물건 말하기 |
| | | 식당이 어디에 있습니까? | 학교 시설물 관련 어휘, 위치 관련 어휘 | 에[1](장소) | 학교 시설물 위치 말하기 |
| | | 도서관에서 공부를 합니다 | 형용사[3], 동사[2] | 에서, 을/를, -고[1](나열) | 학교 생활 말하기 |
| | | 무엇을 하고 싶습니까? | 학교 인근 시설물 관련 어휘, 동사[3] | -고 싶다, -으십시오 | 간단한 제안하기 |
| 3 | 친구와 가족 | 무슨 사진입니까? | 형용사[4] | 무슨 | 친구 소개하기[1] |
| | | 경제학을 공부하고 싶어합니다 | 전공 관련 어휘 | 에서 왔다, -고 싶어하다 | 친구 소개하기[2] |
| | | 이분이 아버지이십니까? | 가족 명칭, 존대 어휘 | -으시-, -지 않다 | 가족 소개하기[1] |
| | | 바빠서 가끔 전화합니다 | 단위명사[1], 빈도부사(자주, 가끔) | 하고, 한테, -어서[1](이유) | 가족 소개하기[2] |
| 4 | 일상생활 | 날마다 학교에 갑니다 | 시간 관련 어휘 | 에[2](시간), 부터~까지 | 하루 일과 말하기 |
| | | 수요일에 운동을 합니다 | 날짜 · 요일 관련 어휘 | -고[2](계기) | 일주일 생활 말하기 |
| | | 주말에 무엇을 했습니까? | 휴일 관련 어휘, 운동 관련 어휘 | -었-, -어서[2](계기) | 지난 일과 말하기 |
| | | 같이 갑시다 | 취미 활동 관련 어휘 | -을까요?[1](제안), -읍시다, -을 거예요[1](예정) | 주말 계획하기 |
| 5 | 학교 시설 | 서점에 가요 | 학교 시설, 서점, 책 종류, 문구류 | -으러, -어요 | 시설물 찾는 목적 말하기 |
| | | 얼마예요? | 단위명사[2], 물건 사기 관련 어휘 | 에[3](단위), -어 주다 | 물건 사기 |
| | | 맵지 않아요? | 식당/음식 관련 어휘(식단, 메뉴, 식권, 음식 이름), 음식 주문 관련 어휘 | -으니까, -지 않아요? | 음식 주문하기 |
| | | 저기 높은 건물이에요 | 건물 관련 어휘(-관, -층, -호, -실) | -는(관형형) | 건물과 강의실 찾기 |

| 과 | 주제 | 제목 | 어휘 | 표현 | 과제 |
|---|---|---|---|---|---|
| 6 | 학교 생활 | 수업이 재미있지요? | 수업 관련 어휘 | -지만, -지요? | 수업에 대해서 말하기 |
| | | 방학에 여행을 많이 했어요? | 여행 관련 어휘 | 과/와, -지 못하다 | 방학 생활 말하기 |
| | | 기숙사가 하숙집보다 좋아요 | 기숙사 시설 관련 어휘 | -는데[1](도입), 보다 | 기숙사 생활 말하기 |
| | | 편의점에서 식사도 해요? | 편의시설 관련 어휘 | -는데요, 이나 | 편의점 이용하기 |
| 7 | 교통 | 이 근처에 백화점이 있어요? | 교통 시설 관련 어휘 | -으면 | 길 묻고 설명하기 |
| | | 버스가 빨라요 | 교통 수단 관련 어휘 | 에서~까지,<br>-은 것 같다 | 교통 수단 말하기 |
| | | 뭘 탈까요? | 장소 방향 지시어 | -는데[2](제안),<br>으로[1](방향) | 교통 수단 선택하고 제안하기 |
| | | 그 길로 가지 마세요 | 교통 방법 관련 어휘 | -는 것 같다,<br>-지 말다 | 택시 이용하기 |
| 8 | 전화 | 전화번호가 몇 번이에요? | 전화 관련 어휘 | -은 후에 | 전화번호 말하기 |
| | | 내일 송별회를 하려고 해요 | 모임 관련 어휘 | -기 전에,<br>-으려고 하다 | 전화 걸기 |
| | | 제가 다시 전화할게요 | 약속 관련 어휘 | -을게요,<br>-을 수 있다 | 전화로 약속하기 |
| | | 웨이 씨 좀 바꿔 주세요 | 통화 관련 어휘 | -고 있다, 만 | 전화 바꾸기 |
| 9 | 날씨와 계절 | 눈이 그쳤어요 | 날씨 관련 어휘[1] | -어도 되다,<br>-으면 안 되다 | 날씨 말하기 |
| | | 한국은 선선한데요 | 날씨 관련 어휘[2] | -는데[3](비교) | 날씨 비교하기 |
| | | 가을에도 비가 자주 와요? | 계절 관련 어휘 | -는 동안,<br>-어야 하다 | 계절 말하기 |
| | | 스키를 타러 갑시다 | 계절 활동 관련 어휘 | -을 때,<br>-을까요?[2](추측),<br>-을 거예요[2](추측) | 계절 활동 말하기 |
| 10 | 음식 | 삼계탕은 건강에 좋아요 | 맛 어휘 | 으로[2](재료),<br>-는데[4](도입) | 음식 소개하기 |
| | | 뭘 드시겠습니까? | 음식 이름[1] | -겠-[1](의향),<br>-어 보다 | 음식 고르고 권하기 |
| | | 제 고향에도 비슷한 음식이 있어요 | 음식 이름[2] | -은 적이 있다,<br>이든지 | 음식 비교하기 |
| | | 국물부터 먹어요 | 음식 관련 어휘 | -으려고,<br>-겠-[2](추측), 부터 | 식사 예절 말하기 |

# Organization of contents

| Chapter | Theme | Title | Vocabulary | Expression | Task |
|---|---|---|---|---|---|
| 1 | Greeting and Making an Introduction | Nice to meet you | I'm doing well, nice to meet you, thank you, I'm sorry, That is all right. | 인사 표현 | Greeting |
| | | I am Korean | Countries, occupations | 입니까?, 입니다 | Talk about nationality and occupations |
| | | This is my book | Interrogatives, yes, no | 이/가 아닙니다 | Introduce an object |
| | | I smile a lot | Verbs1, adjectives1 | 이/가, -습니까? -습니다 | Introduce oneself |
| 2 | School | I don't have a map | Classroom objects, adjectives2 | 도, 은/는 | Talk about the objects in the classroom |
| | | Where is the restaurant? | School facilities, locations | 에[1](장소) | Talk about the locations of the school facilities |
| | | I study at library | Adjectives3, verbs2 | 에서, 을/를, -고[1](나열) | Talk about campus life |
| | | What would you like to do? | Facilities nearby campus, verbs3 | -고 싶다, -으십시오 | Make a simple suggestion |
| 3 | Friends and Family | What kind of picture is this? | Adjectives4 | 무슨 | Introduce a friend 1 |
| | | I want to study Economics | Majors | 에서 왔다, -고 싶어하다 | Introduce a friend 2 |
| | | Is this your father? | Familial terms, formal terms | -으시-, -지 않다 | Introduce family members 1 |
| | | I call once in a while because I'm busy | Units1, frequency adverbs(often, at times) | 하고, 한테, -어서[1](이유) | Introduce family members 2 |
| 4 | Daily Life | I go to school every day | Time | 에[2](시간), 부터~까지 | Talk about daily routine |
| | | I work out on Wednesdays | Date, days | -었-, -어서[2](계기) | Talk about weekly routine |
| | | What did you do over the weekend? | Holidays, sports | -었-, -어서[2](계기) | Talk about past events |
| | | Let's go together | Hobbies | -을까요?[1](제안), -읍시다, -을 거예요[1](예정) | Make a plan for the weekend |
| 5 | School Facilities | I am going to the bookstore | School facilities, bookstore, books, office supplies | -으러, -어요 | Talk about the purpose for going to a facility |
| | | How much is this? | Units2, vocabulary relevant for buying goods | 에[3](단위), -어 주다 | Buy goods |
| | | Isn't it spicy? | Restaurants/food (Diet, menu, meal coupon, food names), vocabulary relevant for ordering food | -으니까, -지 않아요? | Order food |
| | | It's the tall building over there | Building | -는(관형형) | Find a building and lecture room |

| Chapter | Theme | Title | Vocabulary | Expression | Task |
|---|---|---|---|---|---|
| 6 | Campus Life. | Isn't the class interesting? | Vocabulary relevant to classes | -지만, -지요? | Talk about a class |
| | | Did you go on many trips over the vacation? | Vocabulary relevant to trip | 과/와, -지 못하다 | Talk about one's vacation |
| | | I like dormitory better than boarding house | Dormitory facilities | -는데[1](도입), 보다 | Talk about one's dormitory life |
| | | Do you eat at a convenient store? | Accommodations | -는데요, 이나 | Go to convenient store |
| 7 | Transportation | Is there a department store nearby here? | Transportation facilities | -으면 | Ask for and explain directions |
| | | Bus is faster | Transportation | 에서~까지, -은 것 같다 | Talk about transportations |
| | | What shall we ride? | Locations, directions | -는데[2](제안), 으로[1](방향) | Select a transportation and make a suggestion |
| | | Do not go that way. | Transportation means | -는 것 같다, -지 말다 | Take a taxi |
| 8 | Telephone | What is the phone number? | Vocabulary relevant to telephone | -은 후에 | Give a phone number |
| | | I'm going to have a farewell party tomorrow | Vocabulary used for gatherings | -기 전에, -으려고 하다 | Make a phone call |
| | | I will give you a call back | Vocabulary used for making appointments | -을게요, -을 수 있다 | Make an appointment over the phone |
| | | May I speak to Mr. Wei? | Vocabulary used for making a phone call | -고 있다, 만 | Transfer a call |
| 9 | Weather and Seasons | It stopped snowing | Weather 1 | -어도 되다, -으면 안 되다 | Talk about weather |
| | | The weather is cool in Korea | Weather 2 | -는데[3](비교) | Compare weather |
| | | Does it rain often during the autumn? | Seasons | -는 동안, -어야 하다 | Talk about seasons |
| | | Let's go skiing | Seasonal activities | -을 때, -을까요?[2](추측), -을 거예요[2](추측) | Talk about seasonal activities |
| 10 | Food | Samgyetang is good for your body | Flavors | 으로[2](재료), -는데[4](도입) | Introduce a dish |
| | | What are you going to have? | Dish names 1 | -겠-[1](의향), -어 보다 | Pick out a dish and make a recommendation |
| | | There is a similar dish in my hometown | Dish names 2 | -은 적이 있다, 이든지 | Compare dishes |
| | | We eat soup first | Vocabulary relevant to dishes | -으려고, -겠-[2](추측), 부터 | Talk about table manners |

# 内容構成

| | 主題 | 題目 | 語彙 | 表現 | 課題 |
|---|---|---|---|---|---|
| 1課 | 挨拶 | 始めまして | 안녕하다, うれしい, ありがとう, ごめん, 大丈夫 | 挨拶の表現 | 挨拶をする |
| | | 私は韓国人です。 | 国名, 職業の名前 | 입니까?, 입니다 | 国籍と職業について話す |
| | | 私の本です。 | 疑問詞, はい, いいえ, | 이/가 아닙니다 | 物を紹介する |
| | | 私はよく笑います。 | 動詞1, 形容詞2 | 이/가, -습니까?<br>-습니다 | 自己紹介をする |
| 2課 | 学校 | 地図はありません。 | 教室の物の名前、形容詞2 | 도, 은/는 | 教室の物について話す |
| | | 食堂はどこにありますか? | 学校の施設関連の語彙、位置に関連する語彙 | 에[1](場所) | 学校の施設の位置について話す |
| | | 図書館で勉強します。 | 形容詞3, 動詞2 | 에서, 을/를, -고1, (羅列) | 学校生活について話す |
| | | 何がしたいですか? | 学校の近所の施設関連の語彙、動詞3 | -고 싶다<br>-으십시오 | 簡単な提案をする |
| 3課 | 友だちと家族 | 何の写真ですか? | 形容詞4 | 무슨 | 友だちを紹介する1 |
| | | 経済学を勉強したがっています | 専攻関連の語彙 | 에서 왔다, -고 싶어하다 | 友だちを紹介する2 |
| | | この方がお父さんですか? | 家族の名称, 尊敬語の語彙 | -으시-, -지 않다 | 家族を紹介する1 |
| | | 忙しいので時々電話します。 | 単位名詞1, 頻度副詞(よく 時々) | 하고, 한테, -어서[1](理由) | 家族を紹介する2 |
| 4課 | 日常生活 | 毎日学校に行きます。 | 時間関連の語彙 | 에[2](時間), 부터~까지 | 日課について話す |
| | | 水曜日に運動をします。 | 日にち・曜日関連の語彙 | -고[2](契機) | 一週間の生活について話す |
| | | 週末に何をしましたか? | 休日関連の語彙、運動関連の語彙 | -었-, -어서[2](契機) | 過去の日課について話す |
| | | 一緒に行きましょう。 | 趣味活動に関する語彙 | -을까요?(みんな), -읍시다, -을 거예요(予定) | 週末の計画を立てる |
| 5課 | 学校施設 | 書店に行きます。 | 学校施設、書店、本の種類、文具類 | -으러, -어요, | 施設を探す目的について話す |
| | | いくらですか? | 単位名詞2, 物の購入に関する語彙 | 에[3](単位), -어 주다, | 物の購入 |
| | | 辛くないですか? | 食堂/食べ物に関連する語彙(食堂、メニュー、食券、食べ物の名前)、注文に関連する語彙 | -으니까, -지 않아요? | 食べ物を注文する |
| | | あそこの高い建物です。 | 建物関連の語彙(-館, -階, -号, -室 など) | -는(冠形形) | 建物と講義室を探す |

|  | 主題 | 題目 | 語彙 | 表現 | 課題 |
|---|---|---|---|---|---|
| 6課 | 学校生活 | 授業は楽しいでしょう？ | 授業関連の語彙 | –지만, –지요? | 授業について話す |
|  |  | 長期休みに旅行をたくさんしましたか？ | 旅行関連の語彙 | 과/와, –지 못하다 | 長期休みの生活について話す |
|  |  | 寮の方が下宿よりいいです。 | 寮の施設に関連する語彙 | –는데[1](疑問形), 보다(助詞), | 寮の生活について話す |
|  |  | コンビニで食事もしますか？ | 施設関連の語彙 | –는데요, 이나(選択) | コンビニを利用する |
| 7課 | 交通 | この近所にデパートはありますか？ | 交通施設関連の語彙 | –으면 | 道を尋ねて説明する |
|  |  | バスが速いです。 | 交通手段に関連する語彙 | 에서 ~까지, –은 것 같다(形容詞) | 交通手段を話す |
|  |  | 何に乗りましょうか？ | 場所の方向指示語 | –는데[2](提案), 으로[1](方向), | 交通手段を選択し提案する |
|  |  | その道は通らないでください。 | 交通方法関連の語彙 | –는 것 같다(動詞), –지 말다 | タクシーを利用する |
| 8課 | 電話 | 電話番号は何番ですか？ | 電話関連の語彙 | –은 후에, | 電話番号を言う |
|  |  | 明日送別会をしようと思います。 | 集まりに関連する語彙 | –기 전에, –으려고 하다 | 電話をかける |
|  |  | 私がまた電話します。 | 約束に関連する語彙 | –을게요, –을 수 있다 | 電話で約束する |
|  |  | ウェイさんに代わってください。 | 通話に関連する語彙 | –고 있다, 만(助詞) | 電話を代わる |
| 9課 | 天気と季節 | 雪は止みましたか？ | 天気に関連する語彙 | –어도 되다, –으면 안 되다 | 天気を言う |
|  |  | 韓国は涼しいですが |  | –는데[3](비교) | 天気を比べる |
|  |  | 秋にも雨がよく降りますか？ | 季節に関連する語彙 | –는 동안, –어야 하다, | 季節を言う |
|  |  | スキーをしに行きましょう。 | 季節ごとの活動についての語彙 | –을 때, –을까요(推測)[2], –을 거예요(推測)[2] | 季節ごとの活動について話す |
| 10課 | 食べ物 | サムゲタンは夏によく食べる食べ物で健康に良いです。 | 味についての語彙食べ物の名前 | 으로(材料), –는데[4](導入), | 食べ物を紹介する |
|  |  | 何を召し上がりますか？ | 食べ物の名前 | –겠–[1](意向), –어 보다, | 食べ物を選んで勧める |
|  |  | 私の故郷にも似たような食べ物があります。 | 食べ物の名前 | –은 적이 있다, 이든지 | 食べ物を比較する |
|  |  | スープから飲みます。 | 食べ物に関連する語彙 | –으려고, –겠(推測)–[2], 부터 | 食事作法について話す |

# 内容结构

| 课别 | 主题 | 题目 | 词汇 | 表达方式 | 学习目标 |
|---|---|---|---|---|---|
| 第一课 | 打招呼 | 初次见面。 | 你好，高兴，谢谢，对不起，没关系 | 打招呼的表达方式 | 打招呼 |
| | | 我是韩国人。 | 国家名称，职业名称 | 입니까?, 입니다 | 说国籍和职业 |
| | | 是我的书。 | 疑问词，是(敬语)，不是(敬语) | 이/가 아닙니다 | 介绍物品 |
| | | 我很爱笑。 | 动词[1]，形容词[1] | 이/가, -습니까? -습니다 | 自我介绍 |
| 第二课 | 学校 | 没有地图。 | 教室物品的名称，形容词[2] | 도, 은/는 | 说教室的物品 |
| | | 餐厅在哪儿？ | 有关学校设施物品及位置的词汇 | 에[1](场所) | 说学校设施的位置 |
| | | 在图书馆学习。 | 形容词[3]，动词[2] | 에서, 을/를, -고[1](罗列) | 说学校生活 |
| | | 想干什么？ | 有关学校附近设施的词汇，动词[3] | -고 싶다, -으십시오 | 简单地提建议 |
| 第三课 | 朋友和家人 | 是什么照片？ | 形容词[4] | 무슨 | 介绍朋友[1] |
| | | 想学习经济学。 | 有关专业的词汇 | 에서 왔다, -고 싶어하다 | 介绍朋友[2] |
| | | 这位是你的父亲吗？ | 家人名称，敬语词汇 | -으시-, -지 않다 | 介绍家人[1] |
| | | 因为忙只是偶尔打电话。 | 单位名词[1]，频率副词(经常，偶尔) | 하고, 한테, -어서[1](理由) | 介绍家人[2] |
| 第四课 | 日常生活 | 每天去学校。 | 时间相关词汇 | 에[2](时间), 부터~까지 | 说一天的生活 |
| | | 星期三做运动。 | 日期，星期相关词汇 | -고[2](契机) | 说一周的生活 |
| | | 周末时候干什么了？ | 休假相关的词汇，运动相关词汇 | -었-, -어서[2](契机) | 说过去一天的生活 |
| | | 一起去吧。 | 兴趣爱好相关词汇 | -을까요?[1](提议), -읍시다, -을 거예요[1](预定) | 做周末计划 |
| 第五课 | 学校设施 | 去书店。 | 学校设施，书店，书的种类，文具类 | -으러, -어요 | 说寻找某些设施的目的 |
| | | 多少钱？ | 单位名词2，买东西相关词汇 | 에[3](单位), -어 주다 | 买东西 |
| | | 不辣吗？ | 餐厅/食物相关词汇(菜单，食券，食物名称)，点菜相关词汇 | -으니까, -지 않아요? | 点菜 |
| | | 是那个高的建筑。 | 建筑相关词汇(-馆，-楼，-号，-室) | -는(定语形) | 找建筑和教室 |

| 课别 | 主题 | 题目 | 词汇 | 表达方式 | 学习目标 |
|---|---|---|---|---|---|
| 第六课 | 学校生活 | 上课有意思吗? | 上课相关的词汇 | -지만, -지요? | 说与上课相关的话 |
| | | 假期的时候去旅游了吗? | 旅行相关词汇 | 과/와, -지 못하다 | 说假期的生活 |
| | | 宿舍比下宿房好。 | 宿舍设施相关的词汇 | -는데[1](导入), 보다 | 说宿舍生活 |
| | | 在便利店里也吃饭吗? | 便利设施相关词汇 | -는데요, 이나 | 使用便利店 |
| 第七课 | 交通 | 这附近有百货商店吗? | 交通设施相关词汇 | -으면 | 问路及说明路 |
| | | 公共汽车很快。 | 交通工具相关词汇 | 에서~까지,<br>-은 것 같다 | 说交通工具 |
| | | 坐什么去? | 地点方向指示词 | -는데[2](提议),<br>으로[1](方向) | 选择交通工具及提议 |
| | | 不要走那条路。 | 交通方法相关词汇 | -는 것 같다,<br>-지 말다 | 坐出租车 |
| 第八课 | 电话 | 电话号码是多少? | 电话相关词汇 | -은 후에 | 说电话号码 |
| | | 明天打算举办送别会。 | 聚会相关词汇 | -기 전에,<br>-으려고 하다 | 打电话 |
| | | 我再打给你。 | 约定相关词汇 | -을게요,<br>-을 수 있다 | 打电话定约定 |
| | | 请转一下伟。 | 通话相关的词汇 | -고 있다, 만 | 转接电话 |
| 第九课 | 天气和季节 | 雪停了吗? | 天气相关的词汇[1] | -어도 되다,<br>-으면 안 되다 | 说天气 |
| | | 韩国很凉爽。 | 天气相关的词汇[2] | -는데[3](比较) | 比较天气 |
| | | 秋天也常常下雨吗? | 季节相关词汇 | -는 동안,<br>-어야 하다 | 说季节 |
| | | 我们去滑雪吧。 | 季节性活动相关词汇 | -을 때, -을까요?[2](推测),<br>-을 거예요[2](推测) | 说季节活动 |
| 第十课 | 食物 | 参鸡汤对健康很好。 | 味道相关词汇 | 으로[2](材料),<br>-는데[4](导入) | 介绍食物 |
| | | 您要吃点什么? | 食物名称[1] | -겠-[1](意向),<br>-어 보다 | 挑选食物及劝说 |
| | | 我的家乡也有类似的食物。 | 食物名称[2] | -은 적이 있다,<br>이든지 | 比较食物 |
| | | 先喝汤吧。 | 食物相关词汇 | -으려고,<br>-겠-[2](推测), 부터 | 说饮食礼仪 |

# 제 1 과

## 인사와 소개

01 처음 뵙겠습니다

02 저는 한국사람입니다

03 제 책입니다

04 저는 잘 웃습니다

MP3_1

# 01 처음 뵙겠습니다

**학/습/목/표** 간단하게 인사를 할 수 있다.

EN Objective To be able to give a basic self-introduction.
JP 学習目標 学習目標:簡単な挨拶が出来る。
CH 学习目标 能简单地进行介绍。

## 준비해 봅시다

EN Let's prepare. JP 準備しましょう。 CH 准备一下。 01

듣고 맞는 그림을 고르십시오.

EN Listen and choose the right picture. JP 会話を聴いて内容に合う絵を選んでください。 CH 听对话并选出正确的图片。

❶

☐

❷

☐

❸

☐

## 이야기해 봅시다

EN Let's talk. JP 話してみましょう。 CH 准备一下。

처음 뵙겠습니다.

EN I am glad to meet you.
JP 始めまして。
CH 初次见面。

만나서 반갑습니다.

EN Nice to meet you.
JP お会いできて嬉しいです。
CH 见到你很高兴。

고맙습니다.

EN Thank you.
JP ありがとうございます。
CH 谢谢。

미안합니다.

EN I am sorry.
JP すみません。
CH 对不起。

안녕하십니까?

EN How do you do?
JP こんにちは。
CH 你好!

죄송합니다.

EN I am sorry.
JP ごめんなさい。
CH 很抱歉。

괜찮습니다.

EN That is all right.
JP 大丈夫です。
CH 没关系。

안녕히 가십시오.

EN Goodbye.
JP さようなら。
CH 再见!

안녕히 계십시오.

EN Goodbye.
JP さようなら。
CH 再见!

## 01 연습해 봅시다.

EN Let's practice. JP 練習してみましょう。 CH 练习一下。

1. 친구들과 인사해 봅시다.

EN Let's exchange greetings with friends. JP 友達と挨拶してみましょう。 CH 跟朋友们打招呼。

안녕하십니까?
처음 뵙겠습니다.
만나서 반갑습니다.

안녕히 계십시오.
안녕히 가십시오.

미안합니다.
실례합니다.
고맙습니다.
죄송합니다.
괜찮습니다.

2. 친구들의 이름을 알아봅시다.

EN Let's ask friends' names. JP 友達の名前を尋ねてみましょう。 CH 问一问朋友们的名字。

보기

가 : 이름이 무엇입니까?

나 : 저는 리에입니다.

## 정리해 봅시다

EN Let's review. JP まとめ CH 整理一下。

### 친구들과 인사해 보십시오.

EN Exchange greetings with friends. JP 友達と挨拶してみましょう。 CH 请试着跟朋友们打招呼。

# 02 저는 한국 사람입니다

**학/습/목/표** 이름과 국적, 직업을 말할 수 있다.

EN Objective To be able to tell name, nationality, and occupation.
JP 学習目標 名前と国籍、職業を言うことができる。
CH 学习目标 会说名字、国籍和职业。

## 준비해 봅시다

EN Let's prepare. JP 準備しましょう。 CH 准备一下。 02

**남자는 어느 나라 사람입니까? 듣고 맞는 그림을 고르십시오.**

EN What is the nationality of the man? Listen and choose the right picture. JP ウェイさんはどこの国の人ですか？ 会話を聞いて内容と合っている絵を選んでください。 CH 男子是哪国人？ 听并选择正确的图片。

❶

☐

❷

☐

## 이야기해 봅시다

EN Let's talk. JP 話してみましょう。 CH 请说一说。

**표현**

EN Expressions
JP 表現
CH 表达方式

입니까?, 입니다

**어휘**

EN Vocabulary
JP 語彙
CH 词汇

가수, 기자, 미국, 브라질, 선생님, 이집트, 일본, 중국, 캐나다, 태국, 학생, 한국, 호주, 회사원, 네, 아니요

EN a singer, a journalist, America, Brazil, a teacher, Egypt, Japan, China, Canada, Thailand, a student, Korea, Australia, an office worker, yes, no
JP 歌手、記者、アメリカ、ブラジル、先生、エジプト、日本、中国、カナダ、タイ、学生韓国、オーストラリア、会社員、はい、いいえ
CH 歌手, 记者, 美国, 巴西, 老师, 埃及, 日本, 中国, 加拿大, 泰国, 学生, 韩国, 澳大利亚, 公司职员, 是, 不是

## 01 연습해 봅시다.

EN Let's practice. JP 練習してみましょう。 CH 练习一下。

1. 이름이 무엇입니까? 이야기해 봅시다.

EN What is the person's name? Let's talk. JP 名前は何ですか？話してみましょう。 CH 你叫什么名字？ 一起说一说。

| 이름 | 나라 | 직업 |
|---|---|---|
| 윈 | 태국 사람 | 가수 / 학생 |
| 미선 | 한국 사람 | 학생 |
| 제임스 | 미국 사람 | 기자 |
| 야마다 | 일본 사람 | 회사원 |

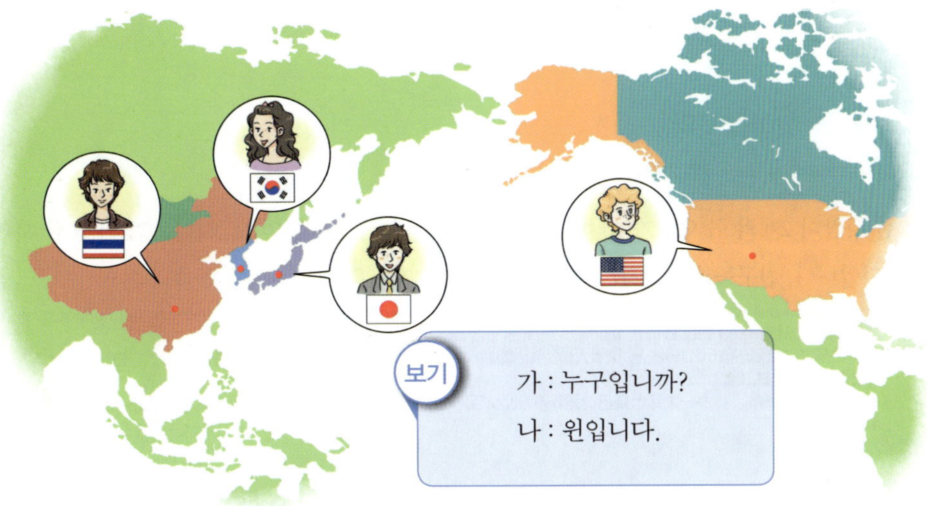

보기
가 : 누구입니까?
나 : 윈입니다.

2. 어느 나라사람입니까? 이야기해 봅시다.

EN Where are they from? Let's talk. JP どこの国の人ですか？ 話してみましょう。 CH 你是哪国人？ 一起说一说。

보기
가 : 한국 사람입니까?
나 : 아니요. 태국 사람입니다.

3. 직업이 무엇입니까? 이야기해 봅시다.

EN What is their occupation? Let's talk. JP 職業は何ですか？話してみましょう。 CH 你是做什么工作的？一起说一说。

보기
가 : 학생입니까?
나 : 네, 학생입니다.

## 02 〈보기〉와 같이 대화를 완성해 봅시다.

EN Let's complete the conversation as it is shown in <보기>. JP 〈例〉と同じように会話を完成させてみましょう。 CH 仿照〈例句〉完成对话。

보기

가: 안녕하십니까? 저는 야마다입니다.
나 : 네, 안녕하십니까? 저는 윈입니다.
가 : 중국 사람입니까?
나 : 아니요, 태국 사람입니다.
가 : 학생입니까?
나 : 네, 학생입니다.

## 03 사람을 찾아봅시다.

EN Let's find the one. JP 人を探してみましょう。 CH 请找一找。

(한 사람이 2개의 쪽지를 가집니다. 하나는 자기의 국적과 직업이고, 하나는 찾아야 할 사람의 국적과 직업입니다. 친구들과 대화하여 찾아야 할 국적과 직업을 가진 사람을 찾습니다.)

EN Each person has two slips of paper. One has your nationality and occupation, and the other has the nationality and occupation of the person whom you should find. Talk with friends and find the one.

JP 自分の国籍と職業が書かれたメモと、探す人の国籍と職業が書かれたメモの2枚を持ちます。友達と会話して、自分の探す国籍と職業のメモを持った人を見つけましょう。

CH 每人拿两张小纸条。其中一张写上自己的国籍和职业，另一张写上要找的人的职业和国籍。跟朋友们练习对话，找出具有要找的国籍和职业的人。

중국 사람, 학생

한국 사람, 학생

미국 사람, 회사원

미국 사람, 기자

일본 사람, 가수

일본 사람, 회사원

한국 사람, 기자

중국 사람, 가수

## 정리해 봅시다

EN Let's review. JP まとめ。 CH 整理一下。

### 친구들에게 인사해 보십시오.

EN Introduce yourself to the friends. JP 友達に挨拶してみましょう。 CH 请试着跟朋友打招呼。

# 03 제 책입니다

**학/습/목/표** 자기 물건에 대하여 이야기할 수 있다.

EN Objective To be able to talk about the items one has.
JP 学習目標 自分の持ち物について話すことが出来る
CH 学习目标 会说自己的物品。

## 준비해 봅시다

EN Let's prepare. JP 準備しましょう。 CH 准备一下。 03

누구 책입니까? 듣고 맞는 그림을 고르십시오.

EN Whose book is it? Listen and choose the right picture. JP 誰の本ですか？会話を聴いて内容と合っている絵を選んでください。
CH 是谁的书？ 听并选择正确的图片。

❶

☐

❷

☐

## 이야기해 봅시다

EN Let's talk. JP 話してみましょう。 CH 请说一说。

**표현**

EN Expressions
JP 表現
CH 表达方式

이/가 아닙니다

**어휘**

EN Vocabulary
JP 語彙
CH 词汇

가방, 공책, 교과서, 냉장고, 전화기, 의자, 책상, 침대, 컴퓨터, 필통, 제

EN a bag, a notebook, a textbook, a refrigerator, a telephone, a chair, a desk, a bed, a computer, a pencil case, my
JP かばん、ノート、教科書、冷蔵庫、電話機、いす、机、ベッド、コンピューター、筆箱、私(の)
CH 包, 笔记本, 课本, 冰箱, 电话, 椅子, 桌子, 床, 电脑, 笔筒, 我的

## 01 연습해 봅시다.

EN Let's practice. JP 練習してみましょう。 CH 练习一下。

### 1. 무엇입니까? 이야기해 봅시다.

EN What is it? Let's talk. JP 何ですか？話してみましょう。 CH 这是什么？ 一起说一说。

**보기**

가 : 무엇입니까?
나 : 책상입니다.

가 : 책상입니까?
나 : 아니요, 가방입니다.

### 2. 누구 물건입니까? 이야기해 봅시다.

EN Whose is it? Let's talk. JP 誰の物ですか？ 話してみましょう。 CH 这是谁的东西？ 一起说一说。

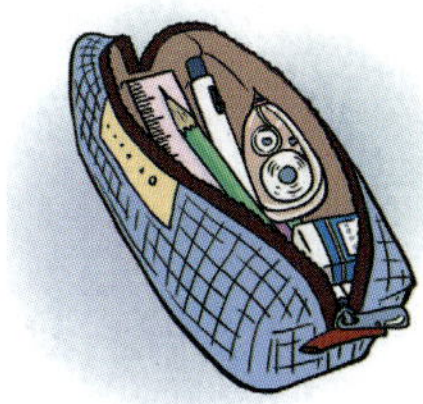

**보기**

가 : 미선 씨 가방입니까?

나 : 아니요, 제 가방이 아닙니다. 리에 씨 가방입니다.

## 02 〈보기〉와 같이 대화를 완성해 봅시다.

EN Let's complete the conversation as it is shown in <보기>.  JP <例>と同じように会話を完成させてみましょう。  CH 仿照<例句>完成对话。

**보기**

가 : 여기는 어디입니까?

나 : 한국어 교실입니다.

가 : 이것은 미선 씨 가방입니까?

나 : 아니요, 제 가방이 아닙니다. 웨이 씨 가방입니다.

## 03 친구 물건을 찾아봅시다.

EN Let's find the friend's item. JP 友達の持ち物を探してみましょう。 CH 请找一找。

(물건 하나 씩을 준비한 후에 교탁 위에 모읍니다. 그 중 하나를 집어 친구에게 질문하고 누구 물건인지 찾아보십시오.)

EN Collect items from friends. Pick one of the items, and find out whose item it is by asking your friends.
JP 持ち物を一つずつ準備し、教卓の上に集めます。その中の一つを選び、友達に質問して誰の持ち物なのか当ててみましょう。
CH 准备好各个物品后集中放在讲桌上。拿出其中一个，问朋友问题并找出物品是谁的。

보기

가 : 이것은 웨이 씨 가방입니까?
나 : 아니요, 제 가방이 아닙니다.
가 : 그럼 미선 씨 가방입니까?
나 : 네, 제 가방입니다.
가 : 이것은 미선 씨 가방입니다.

## 정리해 봅시다

EN Let's review. JP まとめ。 CH 整理一下。

### 친구 물건에 대해서 이야기해 보십시오.

EN Talk about your friend's item. JP 友達の持ち物について話してみましょう。 CH 一起说一说朋友的东西。

# 04 저는 잘 웃습니다

**학/습/목/표** 자신과 관계된 물건, 장소, 사람에 대해서 말할 수 있다.

EN Objective To be able to talk about things, places, and people.
JP 学習目標 自分と関係のある物、場所、人について話すことが出来る。
CH 学习目标 会表达与自己有关的物品，地点，人物。

## 준비해 봅시다

EN Let's prepare. JP 準備しましょう。 CH 准备一下。 04

누구입니까? 듣고 맞는 그림을 고르십시오.

EN Who is being described? Listen and choose the right picture. JP 誰ですか？ 会話を聞いて内容と合っている絵を選んでください。
CH 是谁呢？ 请听对话并回答。

❶

☐

❷

☐

## 이야기해 봅시다

EN Let's talk. JP 話してみましょう。 CH 请说一说。

**표현**

EN Expressions
JP 表現
CH 表达方式

이/가, -습니까?, -습니다

**어휘**

EN Vocabulary
JP 語彙
CH 词汇

가다, 듣다, 먹다, 웃다, 이야기하다, 인사하다, 자다, 전화하다, 많다, 맛있다, 반갑다, 싸다, 재미있다, 좋다, 예쁘다, 크다

EN to go, to listen, to eat, to laugh, to talk, to greet, to sleep, to make a phone call, to be many/much, to be delicious, to be glad, to be cheap, to be fun, to be good, to be pretty, to be big
JP 行く、聞く、食べる、笑う、話す、挨拶する、眠る、電話する、多い、美味しい、(会えて)うれしい、安い、楽しい、良い、綺麗だ、大きい
CH 去，听，吃，笑，说，打招呼，睡觉，打电话，多，好吃，高兴，便宜，有意思，好，漂亮，大

## 01 연습해 봅시다.

EN Let's practice. JP 練習してみましょう。 CH 练习一下。

### 1. 무엇을 합니까? 이야기해 봅시다.

EN What is he/she doing? Let's talk. JP 何をしますか？ 話してみましょう。 CH 干什么呢？ 问并回答。

**보기**

가 : 누가 옵니까?

나 : 미선 씨가 옵니다.

### 2. 무엇이 있습니까? 그것은 어떻습니까?

EN What are there? How is it? JP 何がありますか？ それはどうですか？ CH 有什么呢？它怎么样？

**보기**

가 : 가방이 어떻습니까?

나 : 예쁩니다.

## 02 대화를 완성해 봅시다.

EN Let's complete the conversation. JP 会話を完成させましょう。 CH 请完成对话。

보기

가 : 이분은 누구입니까?
나 : 리에 씨입니다.
가 : 지금 공부합니까?
나 : 네. 공부합니다.
가 : 책이 많습니까?
나 : 네, 책이 많습니다.

## 03 무엇이 있습니까? 그것은 어떻습니까? 그리고 누가 있습니까? 무엇을 합니까? 이야기해 봅시다.

EN What's there? What does it look like? And who's there? What is he/she doing? Let's talk.
JP 何がありますか？それはどうですか？それと、誰がいますか？何をしますか？話してみましょう。
CH 有什么呢？ 它怎么样？另外，有谁呢？ 在干什么？ 请说一说。

보기

여기는 제 방입니다.
친구가 있습니다.
친구가 이야기합니다.
친구가 웃습니다.

## 정리해 봅시다

EN Let's review. JP まとめ。 CH 整理一下。

여러분 방에 무엇이 있습니까? 어떻습니까? 그리고 여러분은 방에서 무엇을 합니까? 이야기해 보십시오.

EN What's in your room? What does it look like? And what do you do in your room? Let's talk.
JP 皆さんの部屋には何がありますか？ どうですか？それから、皆さんは部屋で何をしますか？話してみましょう。
CH 大家的房间里有什么呢？ 怎么样？ 大家在房间里都做些什么？ 请说一说。

# 제2과

## 학교

01 지도는 없습니다
02 식당이 어디에 있습니까?
03 도서관에서 공부를 합니다
04 무엇을 하고 싶습니까?

MP3_2

# 01 지도는 없습니다

학/습/목/표 교실에 대해서 말할 수 있다.

EN Objective To be able to talk about the classroom.
JP 学習目標 教室について話すことが出来る。
CH 学习目标 会说教室的相关用语。

## 준비해 봅시다

EN Let's prepare. JP 準備しましょう。 CH 准备一下。 05

듣고 맞는 그림을 고르십시오.

EN Listen and choose the right picture. JP 会話を聴いて内容に合う絵を選んでください。 CH 听对话并选出正确的图片。

❶

☐

❷

☐

## 이야기해 봅시다

EN Let's talk. JP 話してみましょう。 CH 请说一说。

**표현**

EN Expressions
JP 表現
CH 表达方式

도, 은/는

**어휘**

EN Vocabulary
JP 語彙
CH 词汇

그림, 문, 분필, 옷걸이, 지도, 창문, 칠판, 칠판 지우개, 텔레비전, 휴지통, 깨끗하다, 나쁘다, 더럽다, 작다, 적다

EN a picture, a door, a chalk, a hanger, a map, a window, a chalkboard, a chalk eraser, a television, a wastebasket, to be clean, to be bad, to be dirty, to be small, to be few
JP 絵、扉、チョーク、ハンガー、地図、窓、黒板、黒板消し、テレビ、ゴミ箱、きれい、悪い、汚い、小さい、少ない
CH 图片，门，粉笔，衣架，地图，窗户，黑板，板擦，电视，垃圾桶，干净，坏，脏，小，少

## 01 연습해 봅시다.

EN Let's practice. JP 練習してみましょう。 CH 练习一下。

1. 교실에 무엇이 있습니까? 이야기해 봅시다.

EN What do you have in your classroom? Let's talk. JP 教室には何がありますか？ 話してみましょう。 CH 教室里有什么？ 一起说一说。

| 사물(东西) | 유무(有无) |
|---|---|
| 책상 | ○ |
| 의자 | ○ |
| 달력 | ○ |
| 그림 | ○ |
| 지도 | ○ |
| 칠판 | ○ |
| 칠판지우개 | ○ |

보기

가 : 달력이 있습니까?
나 : 네, 있습니다.
가 : 칠판도 있습니까?
나 : 네, 칠판도 있습니다.

2. 교실에 무엇이 없습니까? 이야기해 봅시다.

EN What do you not have in your classroom? Let's talk. JP 教室には何がありませんか？話してみましょう。 CH 教室里没有什么？一起说一说。

| 사물(东西) | 유무(有无) |
|---|---|
| 분필 | × |
| 칠판 | ○ |
| 그림 | ○ |
| 지도 | × |
| 텔레비전 | ○ |
| 컴퓨터 | × |
| 옷걸이 | ○ |
| 휴지통 | × |

보기

가 : 텔레비전이 있습니까?
나 : 네, 있습니다.
가 : 컴퓨터도 있습니까?
나 : 아니요, 컴퓨터는 없습니다.

## 02 〈보기〉와 같이 대화를 완성해 봅시다.

EN Let's complete the conversation as it is shown in <보기>. JP <例>と同じように会話を完成させてみましょう。 CH 仿照<例句>完成对话。

**보기**

가 : 무엇이 있습니까?
나 : 달력이 있습니다.
가 : 달력이 큽니까?
나 : 네, 큽니다.
가 : 그림도 있습니까?
나 : 아니요, 그림은 없습니다.

## 03 무엇이 다릅니까? 다른 점을 찾아 봅시다.

EN Let's find out the differences. JP 何が違いますか？違う部分を探してみましょう。 CH 有什么不同？ 找出不同点。

(상대방의 그림에 무엇이 있고 없는지 서로 이야기하고 빈 칸을 채워 봅시다.)

EN Talk with your partner about the things that are or are not in each picture, and fill in the blanks.
JP 相手の絵に何があって何が無いのか、お互いに話をして空欄を埋めてみましょう。 CH 对方的图片里有什么？没有什么？互相说一说并填空。

가

나

| 사물 (东西) | 유무 (有无) | 특징 (特征) |
|---|---|---|
| 책상 | ○ | |
| 의자 | ○ | 많다 |
| 달력 | × | |
| 그림 | | |
| 지도 | | |
| 칠판 | | |
| 칠판 지우개 | | |
| 분필 | | |
| 창문 | | |
| 문 | | |
| 텔레비전 | | |
| 컴퓨터 | | |
| 옷걸이 | | |
| 휴지통 | | |

**보기**

가 : 책상이 있습니까?
나 : 네, 있습니다.
가 : 의자도 있습니까?
나 : 네, 의자도 있습니다.
가 : 의자가 많습니까?
나 : 네, 많습니다.
가 : 달력이 있습니까?
나 : 아니요, 달력은 없습니다.
……

## 정리해 봅시다

EN Let's review. JP まとめ。 CH 整理一下。

우리 교실을 소개해 보십시오.

EN Introduce your classroom. JP 私たちの教室を紹介してみましょう。 CH 请介绍一下我们的教室。

# 02 식당이 어디에 있습니까?

학/습/목/표 학교 시설물의 위치에 대해서 말할 수 있다.

EN Objective To be able to talk about the locations of school facilities.
JP 学習目標 学校施設の位置について話すことが出来る。
CH 学习目标 会说学校的设施所在的位置。

## 준비해 봅시다

EN Let's prepare. JP 準備しましょう。 CH 准备一下。 06

듣고 맞는 그림을 고르십시오.

EN Listen and choose the right picture. JP 会話を聴いて内容に合う絵を選んでください。 CH 听对话并选择正确的图片。

❶

☐

❷

☐

## 이야기해 봅시다

EN Let's talk. JP 話してみましょう。 CH 请说一说。

**표현**

EN Expressions
JP 表現
CH 表达方式

에[1]

**어휘**

EN Vocabulary
JP 語彙
CH 词汇

강의실, 기숙사, 도서관, 뒤, 문구점, 밑, 밖, 서점, 식당, 아래, 안, 앞, 옆, 우체국, 운동장, 위, 체육관, 편의점

EN a lecture room, a dormitory, a library, behind, a stationery, under, outside, a bookstore, a cafeteria, under, inside, in front of, next to, a post office, a schoolyard, on, a gymnasium, a convenient store
JP 講義室、療、図書館、後ろ、文具店、下、外、書店、食堂、下、中、前、横、郵便局、運動場、上、体育館、コンビニ
CH 教室, 宿舍, 图书馆, 后面, 文具店, 底下, 外面, 书店, 餐厅, 下面, 里面, 前面, 旁边, 邮局, 操场, 上面, 体育馆, 便利店

## 01 연습해 봅시다.

EN Let's practice. JP 練習してみましょう。 CH 练习一下。

1. 친구들이 어디에 있습니까? 이야기해 봅시다.

EN Where are the friends? Let's talk. JP 友達はどこに居ますか？ 話してみましょう。 CH 朋友们在哪儿？ 一起说一说。

리에

마이클

웨이

제임스

마리아

야마다

보기

가 : 리에 씨가 어디에 있습니까?

나 : 서점에 있습니다.

가 : 마이클 씨도 서점에 있습니까?

나 : 아니요, 마이클 씨는 강의실에 있습니다.

2. 학교 편의시설들이 어디에 있습니까? 이야기해 봅시다.

EN Where are the school facilities? Let's talk. JP 学校の各施設はどこにありますか？話してみましょう。
CH 学校的便利设施在哪儿？ 一起说一说。

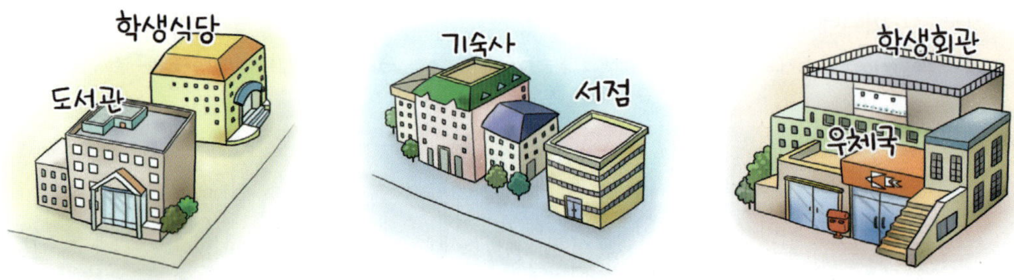


보기

가 : 학생식당이 어디에 있습니까?
나 : 도서관 뒤에 있습니다.

## 02 〈보기〉와 같이 대화를 완성해 봅시다.

EN Let's complete the conversation as it is shown in <보기>. JP 〈例〉と同じように会話を完成させてみましょう。 CH 仿照〈例句〉完成对话。

보기

가 : 리에 씨가 어디에 있습니까?
나 : 서점에 있습니다.
가 : 서점은 어디에 있습니까?
나 : 도서관 앞에 있습니다.
가 : 도서관 옆에 무엇이 있습니까?
나 : 체육관이 있습니다.

## 03 학교에 무엇이 있으면 좋겠습니까? 그려 봅시다.

EN What facility do you wish you had in your school? Let's draw a picture. JP 学校に何があればいいと思いますか？描いてみましょう。
CH 你希望学校里有什么？ 画一画。

(한 사람이 자신이 원하는 학교 모습에 대해서 이야기하고, 다른 한 사람은 그 이야기를 듣고 학교 시설물의 위치 관계를 정확하게 그려 봅시다.)

EN (One person talks about the school facilities he/she wishes his/her school had, and the other person draws a picture of the facilities locating them correctly.)
JP (一人が自分の望む学校の姿について話し、もう一人がその話を聴いて学校施設の位置関係を正確に描いてみましょう)。
CH (一个人说一说自己希望的学校的样子，另一个人听完后准确地画一画学校设施的位置。)

④

**보기**

가 : 학교에 무엇이 있습니까?
나 : 도서관, 학생식당, 기숙사가 있습니다.
가 : 학생식당은 어디에 있습니까?
나 : 도서관 옆에 있습니다.
가 : 도서관 옆에 기숙사도 있습니까?
나 : 아니요, 기숙사는 없습니다.
……

## 정리해 봅시다

EN Let's review. JP まとめ。 CH 整理一下。

한국어학당 근처에 무엇이 있습니까?
이야기해 보십시오.

EN What facilities are there nearby KLI? Talk about it.
JP 韓国語学堂の近所に何がありますか？話してみましょう。
CH 韩国语学堂附近有什么？ 一起说一说。

# 03 도서관에서 공부를 합니다

학/습/목/표 학교 생활에 대해서 말할 수 있다.

EN Objective To be able to talk about one's campus life.
JP 学習目標 学校生活について話すことが出来る。
CH 学习目标 会说有关学校生活的话。

## 준비해 봅시다

EN Let's prepare. JP 準備しましょう。 CH 准备一下。 07

듣고 맞는 그림을 고르십시오.

EN Listen and choose the right picture. JP 会話を聴いて内容に合う絵を選んでください。 CH 听并选择正确的图片。

❶

☐

❷

☐

## 이야기해 봅시다

EN Let's talk. JP 話してみましょう。 CH 请说一说。

**표현**

EN Expressions
JP 表現
CH 表达方式

에서, 을/를, -고[1]

**어휘**

EN Vocabulary
JP 語彙
CH 词汇

거울을 보다, 공부를 하다, 밥을 먹다, 사진을 보다, 손을 씻다, 신문을 보다, 운동을 하다, 음악을 듣다, 커피를 마시다, 컴퓨터를 하다, 편지를 쓰다, 넓다, 덥다, 따뜻하다, 맛없다, 복잡하다, 시끄럽다, 시원하다, 조용하다, 좁다, 춥다

EN to look in the mirror, to study, to eat meals, to look at the pictures, to wash hands, to read newspaper, to exercise, to listen to music, to drink coffee, to do the computer, to write a letter, to be wide, to be hot, to be warm, to taste bad, to be complex, to be noisy, to be cool, to be quiet, to be narrow, to be cold
JP 鏡を見る、勉強をする、ご飯を食べる、写真を見る、手を洗う、新聞を読む、運動をする、音楽を聞く、コーヒーを飲む、パソコンを利用する、手紙を書く、広い、暑い、暖かい、まずい、複雑だ、うるさい、涼しい、静かだ、狭い、寒い
CH 照镜子, 学习, 吃饭, 看照片, 洗手, 看报纸, 做运动, 听音乐, 喝咖啡, 玩儿电脑, 写信, 宽敞, 热, 暖和, 不好吃, 复杂, 吵闹, 凉爽, 安静, 狭窄, 冷

## 01 연습해 봅시다.

EN Let's practice. JP 練習してみましょう。 CH 练习一下。

1. 이 곳은 어디입니까? 무엇을 합니까? 이야기해 봅시다.

EN Where is it? What do the people do? Let's talk. JP ここはどこですか？何をしますか？話してみましょう。 CH 这是哪儿？做什么？一起说一说。

보기

가 : 여기가 어디입니까?

나 : 체육관입니다.

가 : 체육관에서 무엇을 합니까?

나 : 운동을 합니다.

2. 그 곳은 어떻습니까? 이야기해 봅시다.

EN How is the place? Let's talk. JP そこはどうですか？話してみましょう。 CH 那儿怎么样？ 一起说一说。

보기

가 : 체육관이 어떻습니까?

나 : 넓고 시원합니다.

## 02 〈보기〉와 같이 대화를 완성해 봅시다.

EN Let's complete the conversation as it is shown in <보기>. JP 〈例〉と同じように会話を完成させてみましょう。 CH 仿照〈例句〉完成对话。

보기

가 : 어디에서 숙제를 합니까?
나 : 도서관에서 숙제를 합니다.
가 : 도서관이 어디에 있습니까?
나 : 우체국 뒤에 있습니다.
가 : 도서관이 어떻습니까?
나 : 넓고 깨끗합니다.

## 03 친구가 어디에 있습니까? 친구가 무엇을 합니까?

EN Where is your friend? What is he/she doing? JP 友達はどこにいますか？友達は何をしていますか？ CH 朋友在哪儿？朋友做什么？

(그림을 보고 〈보기〉와 같이 묻고 대답하면서 표를 채워 봅시다.)

EN (Talk with your partner as it is shown in <보기>, and fill in the blanks.)

JP (絵を見て〈例〉と同じように質問して答えながら表を埋めてみましょう。) CH (看图片，一边仿照〈例句〉提问并回答，一边填表。)

퓨퓨

윈

수잔

아낄

| | 하는 일 | 장소 | 장소의 특징 |
|---|---|---|---|
| 퓨퓨 | 음악을 듣다 | 휴게실 | 크고 조용하다 |
| 윈 | | | |
| 수잔 | | | |
| 아낄 | | | |

**보기**

가 : 퓨퓨 씨가 어디에 있습니까?
나 : 휴게실에 있습니다.
가 : 거기에서 무엇을 합니까?
나 : 음악을 듣습니다.
가 : 휴게실이 어떻습니까?
나 : 크고 조용합니다

## 정리해 봅시다

EN Let's review. JP まとめ。 CH 整理一下。

날마다 학교에서 무엇을 합니까?
이야기해 보십시오.

EN What do you do at school every day? Let's talk.
JP 毎日学校で何をしますか？話してみましょう。
CH 你每天在学校做什么？ 请说一说。

# 04 무엇을 하고 싶습니까?

학/습/목/표 하고 싶은 것을 말하고 제안할 수 있다.

EN Objective To be able to talk about the things one would like to do, and make suggestions.
JP 学習目標 したい事を話し提案することが出来る。
CH 学习目标 能说自己想做的事并提出建议。

## 준비해 봅시다

EN Let's prepare. JP 準備しましょう。 CH 准备一下。 08

무엇을 하고 싶습니까? 듣고 맞는 그림을 고르십시오.

EN What does the man want to do? Listen and choose the right picture. JP 何がしたいですか？ 会話を聴いて内容に合う絵を選んでください。
CH 想做什么？ 听对话并选择正确的图片。

❶

☐

❷

☐

## 이야기해 봅시다

EN Let's talk. JP 話してみましょう。 CH 请说一说。

**표현**

EN Expressions
JP 表現
CH 表达方式

-고 싶다, -으십시오

**어휘**

EN Vocabulary
JP 語彙
CH 词汇

공원, 교통카드, 노래방, 마트, 백화점, 영화관, 자전거, 점수, 채소, 피시(PC)방, 게임을 하다, 노래를 부르다, 산책을 하다, 쇼핑을 하다, 영화를 보다, 오다, 타다, 배가 고프다, 아프다, 어렵다, 피곤하다

EN a park, a transportation card, a singing room, a mart, a department store, a movie theater, a bicycle, a score, vegetables, a PC room, to play games, to sing, to take a walk, to go shopping, to watch a movie, to come, to ride, to be hungry, to be sick, to be difficult, to be tired
JP 公園、交通カード、カラオケ、マート、デパート、映画館、自転車、点数、野菜、PCルーム(ネットカフェ)、ゲームをする、歌を歌う、散歩をする、買い物をする、映画を見る、来る、乗る、お腹が空く、痛い、難しい、疲れる
CH 公园，交通卡，练歌房，超市，百货商店，电影院，自行车，分数，蔬菜，网吧，玩游戏，唱歌，散步，购物，看电影，来，坐，肚子饿，疼，难，累

## 01 연습해 봅시다.

EN Let's practice. JP 練習してみましょう。 CH 练习一下。

1. 무엇을 하고 싶습니까? 이야기해 봅시다.

EN What do you want to do? Let's talk. JP 何がしたいですか？話してみましょう。 CH 想做什么？一起说一说。

보기

가 : 무엇을 하고 싶습니까?

나 : 자전거를 타고 싶습니다.

2. 그림을 보고 〈보기〉와 같이 이야기해 봅시다.

EN Look at the pictures and let's talk as it is shown in <보기>. JP 絵をみて〈例〉と同じように話してみましょう。 CH 看图片仿照〈例句〉说一说。

춥다 / 이 옷을 입다

배가 아프다 / 병원에 가다

점수가 나쁘다 / 열심히 공부하다

배가 고프다 / 식당에 가다

피곤하다 / 좀 쉬다

돈이 없다 / 다음에 주다

**보기**

가 : 좀 춥습니다.

나 : 그럼, 이 옷을 입으십시오.

## 02 관계있는 그림을 연결하고 〈보기〉와 같이 대화를 완성해 봅시다.

EN Connect related pictures and let's complete the conversation as it is shown in <보기>.
JP 関係のある絵を線で結び〈例〉と同じように会話を完成させてみましょう。 CH 把相关的图片连线并仿照〈例句〉完成对话。

**보기**

가 : 커피를 마시고 싶습니까?

나 : 네, 커피를 마시고 싶습니다.

가 : 그럼, 연세커피숍에 가십시오.

나 : 연세커피숍이 좋습니까?

가 : 네, 커피가 맛있습니다.

## 03 학교 근처를 구경해 봅시다. 발표해 보십시오.

EN Let's explore the area around the campus. Present to the class. JP 学校の近所を探索してみましょう。
CH 一起参观学校附近。请试着发表一下。

(그림을 보면서 〈보기〉와 같이 이야기해 봅시다.)

EN (Look at the picture and talk as it is shown in <보기>.) JP (絵を見ながら〈例〉と同じように話してみましょう。)
CH (看图片，仿照〈例句〉说一说。)

**보기**

가 : 무엇을 하고 싶습니까?

나 : 산책을 하고 싶습니다.

가 : 그럼, 공원에 가십시오.

나 : 공원이 어디에 있습니까?

가 : 학교 근처 은행 뒤에 있습니다.

## 정리해 봅시다

EN Let's review. JP まとめ。 CH 整理一下。

### 학교 근처에서 무엇을 하고 싶습니까? 발표해 보십시오.

EN What do you want to do in the area around the campus? Present to the class.
JP 学校の近所で何をしたいですか？発表してみましょう。
CH 你想在学校附近做什么？请试着发表一下。

# 제3과

# 친구와 가족

01 무슨 사진입니까?

02 경제학을 공부하고 싶어합니다

03 이분이 아버지이십니까?

04 바빠서 가끔 전화합니다

MP3_3

# 01 무슨 사진입니까?

**학/습/목/표** 친구를 소개할 수 있다. (1)

EN Objective To be able to introduce a friend. (1)
JP 学習目標 友達を紹介することが出来る。(1)
CH 学习目标 会介绍朋友。(1)

## 준비해 봅시다

EN Let's prepare. JP 準備しましょう。 CH 准备一下。 09

듣고 맞는 그림을 고르십시오.

EN Listen and choose the right picture. JP 会話を聴いて内容に合う絵を選んでください。 CH 听对话并选出正确的图片。

❶

☐

❷

☐

## 이야기해 봅시다

EN Let's talk. JP 話してみましょう。 CH 请说一说。

**표현**

EN Expressions
JP 表現
CH 表达方式

무슨

**어휘**

EN Vocabulary
JP 語彙
CH 词汇

귀엽다, 머리가 길다, 머리가 짧다, 멋있다, 잘생겼다, 친절하다, 키가 작다, 키가 크다

EN to be cute, to have long hair, to have short hair, to be cool, to be handsome, to be kind, to be short, to be tall
JP 可愛い、髪が長い、髪が短い、かっこいい、ハンサムだ、親切だ、背が低い、背が高い
CH 可爱，头发长，头发短，帅，长的帅，亲切，个子矮，个子高

## 01 연습해 봅시다.

EN Let's practice. JP 練習してみましょう。 CH 练习一下。

### 1. 이 사람이 누구입니까? 이야기해 봅시다.

EN Who is this person? Let's talk. JP この人は誰ですか？話してみましょう。 CH 这个人是谁？ 一起说一说。

윈

에리코

정수

마이클 조던

박 선생님

동생

**보기**

가 : 이 사람이 누구입니까?
나 : 윈 씨입니다.
가 : 참 잘생겼습니다.

### 2. 친구는 무엇을 좋아합니까? 이야기해 봅시다.

EN What does your friend like? Let's talk. JP 友達は何が好きですか？話してみましょう。 CH 你的朋友喜欢什么？ 一起说一说。

과일

영화

음악

보기

가 : 친구는 무슨 과일을 좋아합니까?

나 : 사과를 좋아합니다.

## 02 〈보기〉와 같이 대화를 완성해 봅시다.

EN Let's complete the conversation as it is shown in <보기>. JP 〈例〉と同じように会話を完成させましょう。 CH 仿照〈例句〉完成对话。

보기

가 : 무슨 사진입니까?

나 : 친구 생일 파티 사진입니다.

가 : 이 사람이 누구입니까? 참 예쁩니다.

나 : 기숙사 친구입니다.

가 : 친구가 무슨 음악을 좋아합니까?

나 : 힙합을 좋아합니다.

## 03 누가 친구입니까? 이야기해 봅시다.

EN Who is your friend? Let's talk. JP 誰が友達ですか？ 話してみましょう。 CH 谁是你的朋友？ 请说一说。

(그림을 보고 질문과 대답을 통해서 친구를 찾아냅니다.)

EN (Look at the picture and find your partner's friend by asking questions.)
JP 絵を見て質問して答えながら友達を探してみましょう。
CH (看图片，提问并回答，找出朋友.)

보기

가 : 친구가 키가 작습니까?
나 : 아니요, 키가 큽니다.
가 : 잘생겼습니까?
나 : 네, 아주 잘생겼습니다.
가 : 친구가 사과를 좋아합니까?
나 : 네, 사과를 좋아합니다.
가 : 웨이 씨가 친구입니다.

## 정리해 봅시다

EN Let's review. JP まとめ。 CH 整理一下。

### 친구를 소개하십시오. (1)

EN Introduce your friend.(1)
JP 友達を紹介してください。(1)
CH 请介绍一下你的朋友。(1)

# 02 경제학을 공부하고 싶어합니다

**학/습/목/표** 친구를 소개할 수 있다. (2)

EN Objective To be able to introduce a friend. (2)
JP 学習目標 友達を紹介することが出来る(2)
CH 学习目标 会介绍朋友。(2)

## 준비해 봅시다

EN Let's prepare. JP 準備しましょう。 CH 准备一下。 10

듣고 맞는 그림을 고르십시오.

EN Listen and choose the right picture. JP 会話を聴いて内容に合う絵を選んでください。 CH 听对话并选出正确的图片。

❶

☐

❷

☐

## 이야기해 봅시다

EN Let's talk. JP 話してみましょう。 CH 请说一说。

**표현**

EN Expressions
JP 表現
CH 表达方式

에서 왔다, -고 싶어하다

**어휘**

EN Vocabulary
JP 語彙
CH 词汇

경영학, 경제학, 국어국문학, 국제학, 언론정보영상학, 컴퓨터공학

EN business, economics, Korean language and literature, international studies, mass communication, computer engineering
JP 経営学、経済学、国語国文学、国際学、言論情報映像学、コンピューター工学
CH 经营系, 经济系, 国语国文系, 国际学, 舆论情报影像学, 计算机工学

## 01 연습해 봅시다.

EN Let's practice. JP 練習してみましょう。 CH 练习一下。

1. 친구가 어디에서 왔습니까? 이야기해 봅시다.

EN Where is your friend from? Let's talk. JP 友達はどこから来ましたか？話してみましょう。 CH 你的朋友从哪里来的？ 一起说一说。

| 학생 이름 | 나라 | 도시(지역) |
|---|---|---|
| 에리코 | 일본 | 도쿄 |
| 누엔 | 베트남 | 하노이 |
| 제리 | 미국 | 뉴욕 |
| 퓨퓨 | 미얀마 | 네피도 |
| 아마라 | 몽골 | 울란바토르 |
| 슈와 | 중국 | 상하이 |

보기

가 : 에리코 씨가 어디에서 왔습니까?

나 : 일본 도쿄에서 왔습니다.

2. 친구가 무엇을 공부하고 싶어합니까? 이야기해 봅시다.

EN What does your friend want to study? Let's talk. JP 友達は何をしたがっていますか？ 話してみましょう。
CH 你的朋友想学习什么？ 一起说一说。

| 학생 이름 | 희망 전공 |
|---|---|
| 에리코 | 경영학 |
| 누엔 | 국어국문학 |
| 제리 | 국제학 |
| 퓨퓨 | 컴퓨터공학 |
| 아마라 | 경제학 |
| 슈와 | 언론정보영상학 |

보기

가 : 에리코 씨가 무엇을 공부하고 싶어합니까?

나 : 경영학을 공부하고 싶어합니다.

## 02 〈보기〉와 같이 대화를 완성해 봅시다.

EN Let's complete the conversation as it is shown in <보기>. JP 〈例〉と同じように会話を完成させましょう。 CH 仿照〈例句〉完成对话。

누엔 베트남 | 제리 미국 | 에리코 일본 | 퓨퓨 미얀마 | 아마라 몽골

**보기**

가 : 누엔 씨는 어느 나라 사람입니까?

나 : 베트남 사람입니다. 하노이에서 왔습니다.

가 : 친구가 무엇을 공부하고 싶어합니까?

나 : 국어국문학을 공부하고 싶어합니다.

가 : 한국말을 잘 합니까?

나 : 네, 영어도 잘 합니다.

## 03 친구는 어디에서 왔습니까? 무엇을 공부하고 싶어합니까? 이야기해 봅시다.

EN Where is your friend from? What does he/she want to study? Let's talk.
JP 友達はどこから来ましたか？何を勉強したがっていますか？話してみましょう。 CH 你的朋友从哪里来的？想学习什么？请说一说。

| 친구 이름 | 국적 | 도시(지역) | 희망 전공 | 희망 직업(직장) |
|---|---|---|---|---|
| 에리코 | 일본 | 도쿄 | 경영학 | 교수 |
| | | | | |
| | | | | |
| | | | | |

보기

가 : 저 친구 이름이 무엇입니까?
나 : 에리코입니다.
가 : 어디에서 왔습니까?
나 : 일본 도쿄에서 왔습니다.
가 : 무엇을 공부하고 싶어합니까?
나 : 경영학을 공부하고 싶어합니다.
가 : 무엇이 되고 싶어합니까?
나 : 교수가 되고 싶어합니다.

## 정리해 봅시다

EN Let's review. JP まとめ。 CH 整理一下。

### 친구를 소개하십시오. (2)

EN Introduce your friend.(2)
JP 友達を紹介してください。(2)
CH 请介绍一下你的朋友。(2)

# 03 이 분이 아버지이십니까?

**학/습/목/표** 가족을 소개할 수 있다. (1)

EN Objective To be able to introduce one's family. (1)
JP 学習目標 家族を紹介することができる。(1)
CH 学习目标 请介绍一下你的朋友。(1)

## 준비해 봅시다

EN Let's prepare. JP 準備しましょう。 CH 准备一下。 11

듣고 맞는 그림을 고르십시오.

EN Listen and choose the right picture. JP 会話を聴いて内容に合う絵を選んでください。。 CH 听对话并选出正确的图片。

❶

☐

❷

☐

## 이야기해 봅시다

EN Let's talk. JP 話してみましょう。 CH 请说一说。

**표현**

EN Expressions
JP 表現
CH 表达方式

–으시–, –지 않다

**어휘**

EN Vocabulary
JP 語彙
CH 词汇

누나, 동생, 아버지, 어머니, 언니, 오빠, 할머니, 할아버지, 형, 계시다, 잡수시다, 주무시다

EN an elder sister of a man, a younger sibling, a father, a mother, an elder sister of a woman, an elder brother of a woman, a grandmother, a grandfather, an elder brother of a man, to be, to eat, to sleep

JP (男の人の)姉、弟/妹、父、母、(女の人の)姉、(女の人の)兄、祖母、祖父、(男の人の)兄、いらっしゃる、召し上がる、お休みになる

CH 姐姐(男的称呼), 弟弟(或妹妹), 爸爸, 妈妈, 姐姐(女的称呼), 哥哥(女的称呼), 奶奶, 爷爷, 哥哥(男的称呼), 在(尊称), 吃饭(尊称), 睡觉(尊称)

## 01 연습해 봅시다.

EN Let's practice. JP 練習してみましょう。 CH 练习一下。

### 1. 누구입니까? 이야기해 봅시다.

EN Who is i? Let's talk. JP 誰ですか。話してみましょう。 CH 这位是谁？ 一起说一说。

보기

가 : 이 분이 할아버지이십니까?

나 : 네, 제 할아버지이십니다.

가 : 할아버지께서 참 멋있으십니다.

### 2. 무엇을 합니까? 무엇을 좋아합니까? 이야기해 봅시다.

EN What does he/she do? What does he/she like? Let's talk. JP 何をしますか？ 何が好きですか？話してみましょう。
CH 他(她)做什么？ 他(她)喜欢什么？ 一起说一说。

| 가족 | 직업 | 전공 | 좋아하는 것 |
|---|---|---|---|
| 할아버지 | 집에 있다 | - | 운동 |
| 할머니 | 집에 있다 | - | 요리 |
| 아버지 | 회사원 | 컴퓨터공학 | 등산 |
| 어머니 | 교수 | 역사 | 여행 |
| 언니(누나) | 대학생 | 컴퓨터공학 | 수학 |
| 오빠(형) | 대학원생 | 컴퓨터공학 | 수학 |
| 동생 | 중학생 | - | 한국 드라마 |
| | | | |

보기

가 : 할아버지께서 일하십니까?

나 : 아니요, 일하시지 않습니다. 집에 계십니다.

가 : 할아버지께서 무엇을 좋아하십니까?

나 : 운동을 좋아하십니다.

## 02 〈보기〉와 같이 대화를 완성해 봅시다.

EN Let's complete the conversation as it is shown in <보기>. JP 〈例〉と同じように会話を完成させてみましょう。 CH 仿照〈例句〉完成对话。

보기

가 : 이분이 어머니이십니까?
나 : 네, 이분이 제 어머니이십니다.
가 : 어머니께서 참 예쁘십니다. 이 사람은 형입니까?
나 : 네, 지금 대학교에서 컴퓨터공학을 공부합니다.
가 : 형이 컴퓨터 게임을 좋아합니까?
나 : 아니요, 컴퓨터 게임을 좋아하지 않습니다.

## 03 친구 가족이 한국에 있습니까? 이야기해 봅시다.

EN Is your friend's family in Korea? Let's talk. JP 友達の家族が韓国にいますか？話してみましょう。 CH 朋友的家人在韩国吗？ 一起说一说。

| 질문 | 제리 | 친구1 | 친구2 | 친구3 |
|---|---|---|---|---|
| 1. 부모님께서 한국에 계십니까? | 뉴욕 | | | |
| 2. 부모님께서 한국말을 아십니까? | ○ 조금 | | | |
| 3. 부모님께서 한국말을 배우십니까? | ○ | | | |
| 4. 형제가 있습니까? | ○ | | | |
| 5. ________ 이/가 무엇을 합니까? | 누나, 회사원 | | | |
| 6. ________ 이/가 무엇을 좋아합니까? | 한국 드라마 | | | |
| 7. ________ 이/가 한국말을 배웁니까? | × | | | |
| | | | | |

보기

가 : 제리 씨, 부모님께서 한국에 계십니까?
나 : 아니요, 한국에 계시지 않습니다. 뉴욕에 계십니다.
가 : 부모님께서 한국말을 아십니까?
나 : 네, 한국말을 조금 아십니다.
가 : 부모님께서 한국말을 배우십니까?
나 : 네, 한국말을 배우십니다.
………

## 정리해 봅시다

EN Let's review. JP まとめ。 CH 整理一下。

친구 가족을 소개하십시오.

EN Introduce your friend's family.
JP 友達の家族を紹介してください。
CH 请介绍一下朋友的家人。

# 04 바빠서 가끔 전화합니다

학/습/목/표 가족을 소개할 수 있다. (2)

EN Objective To be able to introduce one's family. (2)
JP 学習目標 家族を紹介することが出来る。(2)
CH 学习目标 会介绍家人。(2)

## 준비해 봅시다

EN Let's prepare. JP 準備しましょう。 CH 准备一下。 12

듣고 맞는 그림을 고르십시오.

EN Listen and Choose the right picture. JP 会話を聴いて内容に合う絵を選んでください。 CH 听对话并选出正确的图片。

❶

☐

❷

☐

## 이야기해 봅시다

EN Let's talk. JP 話してみましょう。 CH 请说一说。

**표현**

EN Expressions
JP 表現
CH 表达方式

하고, 한테, -어서[1]

**어휘**

EN Vocabulary
JP 語彙
CH 词汇

다음주, 등산, 명, 선수, 이메일, 전화, 주말, 가끔, 자주

EN next week, mountain climbing, people, a player, an email, a phone call, weekend, sometimes, often
JP 来週、登山、名、選手、Eメール、電話、週末、お腹が空いている、たまに、たびたび
CH 下周, 爬山, 名, 选手, 邮件, 电话, 周末, 偶尔, 经常

## 01 연습해 봅시다.

EN Let's practice. JP 練習してみましょう。 CH 练习一下。

### 1. 가족이 어떻게 되십니까? 이야기해 봅시다.

EN Who are in your family? Let's talk. JP 家族の構成はどうですか。話してみましょう。 CH 您家有几口人？ 一起说一说。

**보기**

가 : 가족이 어떻게 됩니까?

나 : 아버지, 어머니, 형하고 저, 모두 네 명입니다

### 2. 왜 그렇습니까? 이야기해 봅시다.

EN Let's talk about why. JP それはなぜですか？話してみましょう。 CH 为什么呢？ 一起说一说。

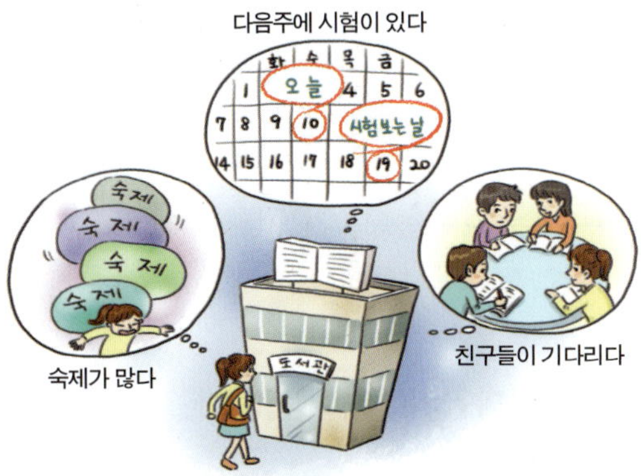


미선씨가 도서관에 가다

동생이 울다

아버지가 웃다

**보기**

가 : 아버지께서 왜 웃습니까?

나 : 돈이 많아서 웃습니다.

## 02 〈보기〉와 같이 대화를 완성해 봅시다.

EN Let's complete the conversation as it is shown in <보기>. JP 〈例〉と同じように会話を完成させましょう。 CH 仿照〈例句〉完成对话。

보기

가 : 가족이 몇 명입니까?

나 : 아버지, 어머니, 형하고 저, 모두 네 명입니다.

가 : 주말에 가족들과 무엇을 합니까?

나 : 부모님이 등산을 좋아해서 등산을 자주 합니다.

가 : 요즘도 등산을 합니까?

나 : 아니요, 숙제가 많아서 시간이 없습니다.

## 03 친구 가족은 몇 명입니까? 가족과 무엇을 합니까? 이야기해 봅시다.

EN How many are in your friend's family? What does your friend do with them? Let's talk.
JP 友達の家族は何人ですか？ 家族と何をしますか？ 話してみましょう。 CH 朋友家有几口人？ 和家人做什么？ 一起说一说。

| 이름 | 가족 | 가족 수 | 고향에서 가족 활동 / 이유 | 가족에게 연락 방법 / 정도 |
|---|---|---|---|---|
| 웨이 | 아버지, 어머니, 저 | 3 | 배드민턴/아버지가 배드민턴 선수이다 | 이메일/가끔 |
| | | | | |
| | | | | |
| | | | | |

보기

가 : 웨이 씨, 가족이 몇 명입니까?

나 : 아버지하고 어머니하고 저, 모두 세 명입니다.

가 : 주말에 가족들과 무엇을 합니까?

나 : 아버지가 배드민턴 선수여서 배드민턴을 자주 합니다.

가 : 가족에게 자주 연락합니까?

나 : 전화비가 비싸서 부모님께 가끔 이메일을 보냅니다.

## 정리해 봅시다

EN Let's review. JP まとめ。 CH 整理一下。

### 친구와 그 가족을 소개하십시오.

EN Introduce your friend and his/her family.
JP 友達とその家族を紹介してください。
CH 请介绍一下你的朋友及其家人。

# 제4과

## 일상생활

01 날마다 학교에 갑니다
02 수요일에 운동을 합니다
03 주말에 무엇을 했습니까?
04 같이 갑시다

MP3_4

# 01 날마다 학교에 갑니다

**학/습/목/표** 하루 일과에 대해서 말할 수 있다.

EN Objective To be able to talk about one's daily routine.
JP 学習目標 日課について話すことが出来る。
CH 学习目标 会说一天的日程。

## 준비해 봅시다

EN Let's prepare. JP 準備しましょう。 CH 准备一下。 13

오전에 무엇을 합니까? 듣고 맞는 그림을 고르십시오.

EN What does he do in the morning? Listen and choose the right picture. JP 午前に何をしますか？会話を聴いて内容に合う絵を選んでください。
CH 上午做什么？ 听对话并选择正确的图片。

❶

☐

❷

☐

## 이야기해 봅시다

EN Let's talk. JP 話してみましょう。 CH 请说一说。

**표현**

EN Expressions
JP 表現
CH 表达方式

에[2], 부터~까지

**어휘**

EN Vocabulary
JP 語彙
CH 词汇

낮, 밤, 시, 시간, 아침, 오전, 오후, 저녁, 날마다, 몇, 보통, 쯤

EN daytime, night, o'clock, an hour, morning, a.m., p.m., evening, every day, what, usually, about
JP 昼、夜、時、時間、朝、午前、午後、夕方、毎日、何(体言の前について確かではない数量を表す)、普通·通常、程·ぐらい·頃(程度を表す)
CH 白天，晚上，点，时间，早上，上午，下午，傍晚，每天，几，一般，大约

## 01 연습해 봅시다.

EN Let's practice. JP 練習してみましょう。 CH 练习一下。

1. 몇 시입니까? 무엇을 합니까? 이야기해 봅시다.

EN What time is it? What does the man do? Let's talk. JP 何時ですか？ 何をしますか？ 話してみましょう。 CH 几点了？ 做什么？ 一起说一说。

1) 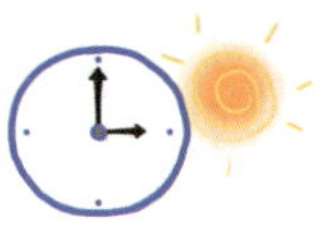

2) 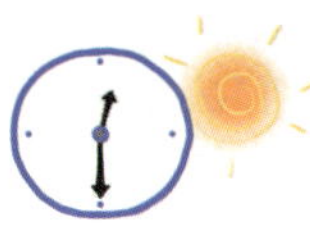

3) 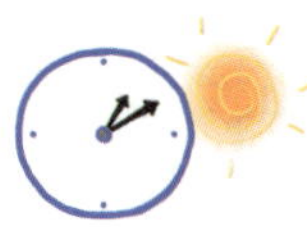

4) 

5) 

6) 

**보기**

가 : 지금 몇 시입니까?

나 : 3시입니다.

가 : 웨이 씨는 3시에 무엇을 합니까?

나 : 도서관에서 한국어 숙제를 합니다.

2. 몇 시부터 몇 시까지 합니까? 이야기해 봅시다

EN From when to when does he do each activity? Let's talk. JP 何時から何時までしますか？話してみましょう。 CH 从几点到几点做？一起说一说。

**보기**

가 : 몇 시부터 몇 시까지 한국어를 배웁니까?

나 : 오전 9시부터 오후 1시까지 한국어를 배웁니다.

## 02 〈보기〉와 같이 대화를 완성해 봅시다.

EN Let's complete the conversation as it is shown in <보기>. JP 〈例〉と同じように会話を完成させてみましょう。 CH 仿照〈例句〉完成对话。

**보기**

가 : 보통 오전 10시에 무엇을 합니까?
나 : 한국어를 배웁니다.
가 : 몇 시부터 몇 시까지 배웁니까?
나 : 오전 9시부터 오후 1시까지 배웁니다.
가 : 숙제가 많습니까?
나 : 아니요, 많지 않습니다.

## 03 친구와 같이 숙제를 하고 싶습니다. 같이 숙제를 할 수 있는 시간을 찾아 봅시다.

EN Yon want to do your homework with your friend. Let's find out the time that you and your friend can do your homework together.
JP 友達と一緒に宿題をしたいです。一緒に宿題をする事が出来る時間を探してみましょう。
CH 你想和朋友一起写作业。找一找可以一起做作业的时间。

**웨이**

| | | |
|---|---|---|
| AM | 06:00 | 일어납니다. |
| | 07:00 | |
| | 08:00 | 학교에 갑니다. |
| | 09:00 | ┐ |
| | 10:00 | │ |
| | 11:00 | 한국어를 배웁니다. |
| PM | 12:00 | │ |
| | 01:00 | ┘ |
| | 02:00 | 점심을 먹습니다. |
| | 03:00 | |
| | 04:00 | |
| | 05:00 | 태권도를 배웁니다. |
| | 06:00 | |
| | 07:00 | 저녁을 먹습니다. |
| | 08:00 | 컴퓨터를 합니다. |
| | 09:00 | |
| | 10:00 | |
| | 11:00 | 잡니다. |
| | 12:00 | |

**마리아**

| | | |
|---|---|---|
| AM | 06:00 | |
| | 07:00 | 일어납니다. |
| | 08:00 | 운동을 합니다. |
| | 09:00 | |
| | 10:00 | |
| | 11:00 | 영어를 배웁니다. |
| PM | 12:00 | 컴퓨터를 배웁니다. |
| | 01:00 | 점심을 먹습니다. |
| | 02:00 | |
| | 03:00 | |
| | 04:00 | |
| | 05:00 | |
| | 06:00 | 저녁을 먹습니다. |
| | 07:00 | ┐ |
| | 08:00 | 한국어를 배웁니다. |
| | 09:00 | │ |
| | 10:00 | ┘ |
| | 11:00 | TV를 봅니다. |
| | 12:00 | 잡니다. |

보기

가 : 웨이 씨, 오늘 시간이 있습니까?

나 : 무슨 일입니까?

가 : 같이 숙제를 하고 싶습니다.

나 : 좋습니다. 그럼 저녁에 시간이 있습니까?

가 : 아니요, 저는 저녁 7시부터 10시까지 한국어를 배웁니다.

나 : 그럼 오후는 어떻습니까?

……

## 정리해 봅시다

EN Let's review. JP まとめ。 CH 整理一下。

### 친구의 하루 일과를 소개해 보십시오.

EN Introduce your friend's daily routine.
JP 友達の一日の日課を紹介してみましょう。
CH 请介绍一下朋友的一天。

# 02 수요일에 운동을 합니다

학/습/목/표 일주일 생활에 대해서 말할 수 있다.

EN Objective To be able to talk about one's weekly routine.
JP 学習目標 一週間の生活について話すことが出来る。
CH 学习目标 会说一周的生活。

## 준비해 봅시다

EN Let's prepare. JP 準備しましょう。 CH 准备一下。 14

**보통 수요일에 어디에 갑니까? 듣고 맞는 그림을 고르십시오.**

EN Where does he usually go on Wednesdays? Listen and choose the right picture.
JP いつも水曜日にどこに行きますか？会話を聴いて内容に合う絵を選んでください。 CH 你星期三一般都去哪儿？听对话并选出正确的图片。

❶

☐

❷

☐

## 이야기해 봅시다

EN Let's talk. JP 話してみましょう。 CH 请说一说。

**표현**

EN Expressions
JP 表現
CH 表达方式

-고[2]

**어휘**

EN Vocabulary
JP 語彙
CH 词汇

며칠, 박물관, 수업, 시험, 요일, 월, 감기에 걸리다, 구경을 하다, 농구를 하다, 빨래를 하다, 수업을 듣다, 수영을 하다, 아르바이트를 하다, 바쁘다, 약속이 있다

EN the date, a museum, a class, an examination, day of the week, a month, to get a cold, to watch, to play basketball, to do the laundry, to attend a class, to swim, to work part-time, to be busy, to have an appointment
JP 何日、博物館、授業、試験、曜日、月、風邪を引く、見物する、バスケットボールをする、洗濯をする、授業を聞く、水泳をする、アルバイトをする、忙しい、約束がある、
CH 几天(几号)，博物馆，课，考试，星期，月，感冒，观光，打篮球，洗衣服，听课，游泳，打工，忙，有约

## 01 연습해 봅시다.

EN Let's practice. JP 練習してみましょう。 CH 练习一下。

1. 일주일 생활에 대해서 이야기해 봅시다.

EN Let's talk about a weekly routine. JP 一週間の生活について話してみましょう。 CH 说一说一周的生活。

월요일 화요일 수요일

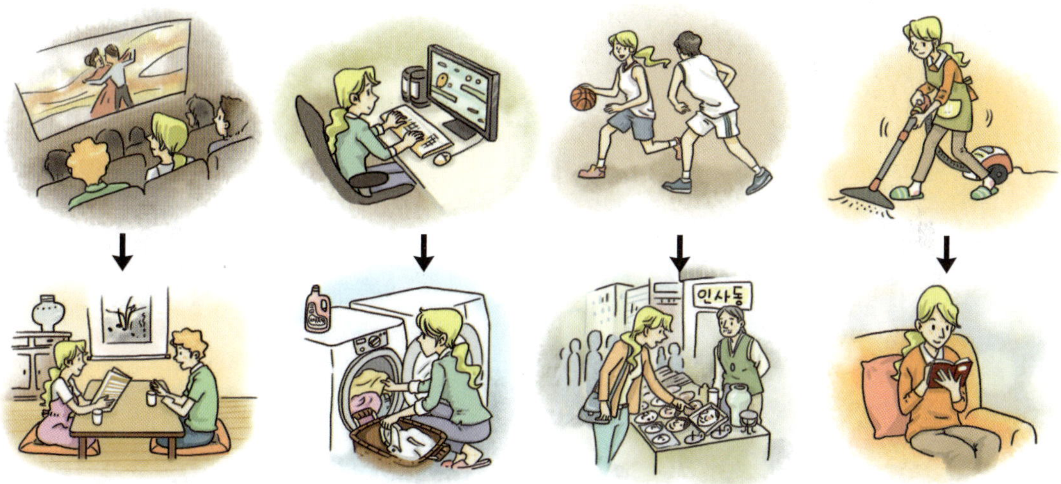


목요일 금요일 토요일 일요일

보기

가 : 보통 월요일에 무엇을 합니까?

나 : 수업을 듣고 도서관에 갑니다.

2. 그림을 연결하고 이유를 설명해 봅시다.

EN Connect the pictures and let's explain why. JP 絵を線で結んで理由を説明してみましょう。 CH 把图片连线并说明理由。

?  ( × ) ——— 

? 

( × ) • • 

?  ( × ) • • 

?  ( × ) • • 

?  ( × ) • • 

?  ( × ) • • 

보기

가 : 오늘도 도서관에 갑니까?

나 : 아니요, 약속이 있어서 가지 않습니다.

## 02 〈보기〉와 같이 대화를 완성해 봅시다.

EN Let's complete the conversation as it is shown in <보기>. JP 〈例〉と同じように会話を完成させてみましょう。 CH 仿照〈例句〉完成对话。

보기

가 : 보통 월요일에 무엇을 합니까?
나 : 수영을 하고 한국 친구를 만납니다.
가 : 오늘도 수영을 합니까?
나 : 아니요, 오늘은 피곤해서 수영을 하지 않습니다.

## 03 친구와 영화를 보러 갑시다. 언제가 괜찮습니까?

EN You want to go to a movie with your friend. When can you go? JP 友達と映画を見に行きます。いつなら大丈夫ですか？
CH 和朋友一起去看电影。什么时间可以？

(두 사람이 서로 다른 일주일 계획표를 가지고, 같이 영화를 볼 수 있는 요일과 시간대를 찾으십시오.)

EN (Each person has a different weekly schedule. Find out when is good time for the two to go to a movie.)
JP (二人でお互いに違う一週間の計画表を持ち寄って、一緒に映画を見に行く事の出来る曜日と時間を探してください。)
CH (两个人拿着不同的周计划表，一起找一找可以一起看电影的时间。)

가

| | 10/22 월 | 10/23 화 | 10/24 수 | 10/25 목 | 10/26 금 | 10/27 토 | 10/28 일 |
|---|---|---|---|---|---|---|---|
| 오전 | 한국어 수업 | 한국어 수업 | 한국어 수업 | | 시험 | | 등산 |
| 오후 | | 백화점 쇼핑 | | 운동 | | 인사동 구경 | |
| | | | | 친구생일 (집) | | 동대문 시장 | |

보기

가 : 영화를 보고 싶습니다.
나 : 저도 영화를 보고 싶습니다.
가 : 토요일 오전에 무엇을 합니까?
나 : 농구를 하고 친구 집에 갑니다.
가 : 그럼, 금요일 오후는 어떻습니까?
……

나

<table>
<tr><th></th><th>10/22<br>월</th><th>10/23<br>화</th><th>10/24<br>수</th><th>10/25<br>목</th><th>10/26<br>금</th><th>10/27<br>토</th><th>10/28<br>일</th></tr>
<tr><td rowspan="2">오전</td><td colspan="2" rowspan="4">제주도 여행</td><td rowspan="2"></td><td rowspan="2"></td><td rowspan="2"></td><td>농구</td><td rowspan="2">산책</td></tr>
<tr><td>친구집</td></tr>
<tr><td rowspan="2">오후</td><td>청소</td><td>영어 공부</td><td>박물관<br>구경</td><td rowspan="2"></td><td rowspan="2"></td></tr>
<tr><td>마트</td><td>컴퓨터<br>공부</td><td>아르<br>바이트</td></tr>
</table>

## 정리해 봅시다

EN Let's review. JP まとめ。 CH 整理一下。

무슨 요일을 좋아합니까? 좋아하는 요일에 무엇을 하는지 이야기해 보십시오.

EN What day of the week do you like? Talk about what you do on your favorite day of the week.
JP 何曜日が好きですか？好きな曜日に何をするか話してみましょう。
CH 你喜欢星期几？ 说一说在一周中你喜欢的一天中你做的事情。

노트

# 03 주말에 무엇을 했습니까?

**학/습/목/표** 지난 일에 대해서 말할 수 있다.

EN Objective To be able to talk about past events.
JP 学習目標 過去の事について話すことが出来る。
CH 学习目标 会说已经过去的事情。

## 준비해 봅시다

EN Let's prepare. JP 準備しましょう。 CH 准备一下。 15

**주말에 무엇을 했습니까? 듣고 맞는 그림을 고르십시오.**

EN What did he do over the weekend? Listen and choose the right picture. JP 週末に何をしましたか？会話を聴いて内容に合う絵を選んでください。
CH 周末做什么了？ 听对话并选择正确的图片。

❶

☐

❷

☐

## 이야기해 봅시다

EN Let's talk. JP 話してみましょう。 CH 请说一说。

**표현**

EN Expressions
JP 表現
CH 表达方式

-었-, -어서[2]

**어휘**

EN Vocabulary
JP 語彙
CH 词汇

방학, 설날, 추석, 세수를 하다, 스키를 타다, 야구를 하다, 여행을 가다, 이를 닦다, 청소를 하다, 축구를 하다, 탁구를 치다

EN a vacation, the Lunar New Year's Day, the Korean thanksgiving day, to wash one's face, to ski, to play baseball, to go on a trip, to brush one's teeth, to clean, to play football, to play table tennis
JP 長期休み、正月、秋夕、顔を洗う、スキーをする、野球をする、旅行に行く、歯を磨く、掃除をする、サッカーをする、卓球をする、
CH 放假，春节，中秋，洗脸，滑雪，打棒球，旅游，刷牙，打扫，踢足球，打乒乓球

## 01 연습해 봅시다.

EN Let's practice. JP 練習してみましょう。 CH 练习一下。

1. 주말에 무엇을 했습니까? 이야기해 봅시다.

EN What did you do on the weekend? Let's talk. JP 週末に何をしましたか？話してみましょう。 CH 周末做什么了？ 一起说一说。

보기

가 : 지난 주말에 무엇을 했습니까?

나 : 집에서 책을 읽었습니다.

2. 어제 무엇을 했습니까? 이야기해 봅시다.

EN What did you do yesterday? Let's talk. JP 昨日何をしましたか？話してみましょう。 CH 昨天做什么了？ 一起说一说。

보기

가 : 어제 무엇을 했습니까?

나 : 친구를 만나서 차를 마셨습니다.

## 02 〈보기〉와 같이 대화를 완성해 봅시다.

EN Let's complete the conversation as it is shown in <보기>. JP ＜例＞と同じように会話を完成させてみましょう。 CH 仿照＜例句＞完成对话。

**보기**

가 : 지난주 일요일에 무엇을 했습니까?

나 : 운동장에 가서 축구를 했습니다.

가 : 어땠습니까?

나 : 재미있었습니다.

가 : 축구를 하고 무엇을 했습니까?

나 : 집에 와서 청소를 했습니다.

## 03 친구들이 무엇을 했는지 알아봅시다.

EN Let's ask what your friends did. JP 友達が何をしたのか調べてみましょう。 CH 打听一下朋友们做什么了。

| | 누엔 | 친구1 | 친구2 | 친구3 |
|---|---|---|---|---|
| 어제 저녁 | 비빔밥을 먹다 | | | |
| 지난 주말 | 친구를 만나다/ 영화를 보다 | | | |
| 방학 | 여행을 가다 | | | |
| 지난 추석 | | | | |
| 지난 설날 | | | | |

**보기**

가 : 누엔 씨, 어제 저녁에 무엇을 했습니까?
나 : 한식집에 가서 비빔밥을 먹었습니다.
가 : 맛있었습니까?
나 : 네, 아주 맛있었습니다.
가 : 지난 주말에는 무엇을 했습니까?
나 : 친구를 만나서 영화를 봤습니다.
……

## 정리해 봅시다

EN Let's review. JP まとめ。 CH 整理一下。

**여러분은 어제 무엇을 했습니까?**
**이야기해 보십시오.**

EN What did you do yesterday? Talk about it.
JP 皆さんは昨日何をしましたか？話してみましょう。
CH 大家昨天做什么了？ 一起说一说。

# 04 같이 갑시다

**학/습/목/표** 주말 계획을 세울 수 있다.

EN Objective To be able to make a plan for the weekend.
JP 学習目標 週末の予定を立てることが出来る。
CH 学习目标 会做周末计划。

## 준비해 봅시다

EN Let's prepare. JP 準備しましょう。 CH 准备一下。 16

**주말에 두 사람은 무엇을 합니까? 듣고 맞는 그림을 고르십시오.**

EN What are the two people going to do this weekend? Listen and choose the right picture.
JP 週末に二人は何をしますか？会話を聴いて内容に合う絵を選んでください。 CH 周末两个人做什么？ 听对话并选择正确的图片。

①

☐

②

☐

## 이야기해 봅시다

EN Let's talk. JP 話してみましょう。 CH 请说一说。

**표현**

EN Expressions
JP 表現
CH 表达方式

–을까요?[1], –읍시다, –을 거예요[1]

**어휘**

EN Vocabulary
JP 語彙
CH 词汇

꽃, 뉴스, 드라마, 오렌지 주스, 커피, 케이크, 다음, 이번

EN a flower, news, a drama, orange juice, coffee, a cake, next, this
JP 花、ニュース、ドラマ、オレンジジュース、コーヒー、ケーキ、次、今回
CH 花，新闻，电视剧，橙汁，咖啡，蛋糕，下次，这次

## 01 연습해 봅시다.

EN Let's practice. JP 練習してみましょう。 CH 练习一下。

1. 주말에 무엇을 할거예요? 이야기해 봅시다.

EN What are you going to do this weekend? Let's talk. JP 週末に何をしますか。話してみましょう。 CH 周末你要做什么? 一起说一说。

보기

가 : 주말에 뭐 할 거예요?

나 : 공원에 가서 자전거를 탈 거예요.

2. 친구와 무엇을 같이 하고 싶습니까? 이야기해 봅시다.

EN What do you want to do with your friends? Let's talk. JP 友達と何を一緒にしたいですか？ 話してみましょう。
CH 你想和朋友一起做什么? 一起说一说。

보기

가 : 무엇을 마실까요?

나 : 커피를 마십시다.

## 02 〈보기〉와 같이 대화를 완성해 봅시다.

EN Let's complete the conversation as it is shown in <보기>. JP <例>と同じように会話を完成させてみましょう。 CH 仿照<例句>完成对话。

**보기**

가 : 이번 주말에 뭐 할 거예요?

나 : 동대문 시장에 가서 가방을 살 거예요.

가 : 같이 갈까요?

나 : 네, 그럽시다.

가 : 그럼, 몇 시에 만날까요?

나 : 토요일 2시에 학교 앞에서 만납시다.

……

## 03 친구의 계획을 알아보고 약속을 정해 봅시다.

EN Let's ask friends' plans and make an appointment. JP 友達の予定を調べて約束を決めてみましょう。
CH 了解一下朋友的计划后，和朋友约时间。

(인터뷰하면서 약속을 정합시다.)

EN (Let's interview friends and make an appointment.) JP (周りにインタビューしながら約束をしましょう) CH (来回转着一边采访一边约时间。)

| | 웨이 | 친구1 | 친구2 | 친구3 |
|---|---|---|---|---|
| 오늘 저녁 | 친구를 만나다 | | | |
| 이번 주말 | 숙제를 하다 | | | |
| 다음 주말 | 토요일: 태권도를 배우다<br>일요일: 쉬다 | | | |

보기

가 : 웨이 씨, 이번 주말에 시간이 있습니까?
나 : 미안합니다. 숙제가 많아서 바쁩니다.
가 : 다음 주말은 어떻습니까?
나 : 토요일에는 태권도를 배우고 일요일에는 쉴 거예요.
가 : 그럼, 일요일 오후에 같이 차를 마실까요?
나 : 네, 그럽시다.

## 정리해 봅시다

EN Let's review. JP まとめ。 CH 整理一下。

### 여러분은 주말에 무엇을 할 거예요? 이야기해 보십시오.

EN What are you going to do this weekend? Talk about it.
JP 皆さんは週末に何をしますか？話してみましょう。
CH 大家周末要做什么？ 一起说一说。

# 제5과

## 학교 시설

01 서점에 가요

02 얼마예요?

03 맵지 않아요?

04 저기 높은 건물이에요

MP3_5

# 01 서점에 가요

학/습/목/표 비격식체로 말할 수 있다. / 학교 시설물을 찾아가는 목적을 말할 수 있다.

EN Objective To be able to talk in an informal style / To be able to talk about the purpose of going to the school facilities.

JP 学習目標 非格式体で話すことが出来る。/ 学校内の施設に向かう目的を話すことが出来る。

CH 学习目标 会用非正式用语会话。/ 会说寻找学校设施的目的。

## 준비해 봅시다

EN Let's prepare. JP 準備しましょう。 CH 准备一下。 17

듣고 맞는 그림을 고르십시오.

EN Listen and choose the right picture. JP 会話を聴いて内容に合う絵を選んでください。 CH 听对话并选出正确的图片。

❶

☐

❷

☐

## 이야기해 봅시다

EN Let's talk. JP 話してみましょう。 CH 请说一说。

**표현**

EN Expressions
JP 表現
CH 表达方式

-으러, -어요

**어휘**

EN Vocabulary
JP 語彙
CH 词汇

무선 마우스, 사전, 소설책, 수학책, 영어책, 유선 마우스, 잡지, 컴퓨터 책, 학생회관

EN a wireless mouse, a dictionary, a novel, a mathematics book, an English book, a mouse, a magazine, a computer book, the student union

JP 無線マウス、辞典、小説、数学の本、英語の本、有線マウス、雑誌、パソコンの本、学生会館

CH 无线鼠标，词典，小说，数学书，英语书，有线鼠标，杂志，电脑书，学生会馆

## 01 연습해 봅시다.

EN Let's practice. JP 練習してみましょう。 CH 练习一下。

### 1. 무엇을 합니까? 이야기해 봅시다.

EN What are you doing? Let's talk. JP 何をしますか？話してみましょう。 CH 做什么？一起说一说。

웨이

에리코

누엔

마리아

제리

아마라

보기

가 : 웨이 씨가 뭘 해요?

나 : 요리를 해요

### 2. 어디에 갑니까? 왜 갑니까? 이야기해 봅시다.

EN Where are you going? Why? Let's talk. JP どこに行きますか？ なぜ行きますか。話してみましょう。 CH 去哪儿？为什么去？一起说一说。

학생회관

강의실

문구점

서점

식당

보기

가 : 어디에 가요?

나 : 친구를 만나러 학생회관에 가요.

## 02 〈보기〉와 같이 대화를 완성해 봅시다.

EN Let's complete the conversation as it is shown in <보기>. JP 〈例〉と同じように会話を完成させましょう。 CH 仿照〈例句〉完成对话。

**보기**

가 : 오후에 뭐 하세요?
나 : 사전을 사러 서점에 갈 거예요.
가 : 무슨 사전을 살 거예요?
나 : 영한사전을 살 거예요.
가 : 저도 사전을 사고 싶어요.
나 : 같이 갈까요?

## 03 어디에 갔어요? 이야기해 봅시다.

EN Where in your school have you visited? Let's talk about it. JP 何処に行きましたか？ 話してみましょう。 CH 你去哪儿了？请说一说。

| 질문 | 에리코 | 친구1 | 친구2 | 친구3 |
|---|---|---|---|---|
| 1. 어디에 갔어요? | 문구점 | | | |
| 2. 왜 갔어요? | 마우스를 사다 | | | |
| 3. 무슨 ______ 을/를 ____________ ? | 무선 마우스 | | | |
| 4. ______ 이/가 ____________ ? | 비싸지 않다 | | | |
| 5. ______ 에 사람이 많았어요? | 조금 많다 | | | |
| | | | | |

보기

가 : 어제 어디에 갔어요?
나 : 문구점에 갔어요.
가 : 왜 갔어요?
나 : 마우스를 사러 갔어요.
가 : 무슨 마우스를 샀어요?
나 : 무선 마우스를 샀어요.
가 : 마우스가 비싸요?
나 : 아니요, 비싸지 않아요.
가 : 문구점에 사람이 많았어요?
나 : 네, 조금 많았어요.

## 정리해 봅시다

EN Let's review. JP まとめ。 CH 整理一下。

학교에서 어디에 갔습니까? 이야기해 보십시오.

EN Where in school did you go? Talk about it.
JP 学校の中でどこに行きましたか？話してみましょう。
CH 你从学校去哪儿了？一起说一说。

# 02 얼마예요?

학/습/목/표 물건을 살 수 있다.

EN Objective To be able to buy goods.
JP 学習目標 物を買うことが出来る。
CH 学习目标 会说名字、会买东西。

## 준비해 봅시다

EN Let's prepare. JP 準備しましょう。 CH 准备一下。 18

듣고 맞는 그림을 고르십시오.

EN Listen and choose the right picture. JP 会話を聴いて内容に合う絵を選んでください。 CH 听对话并选出正确的图片。

① 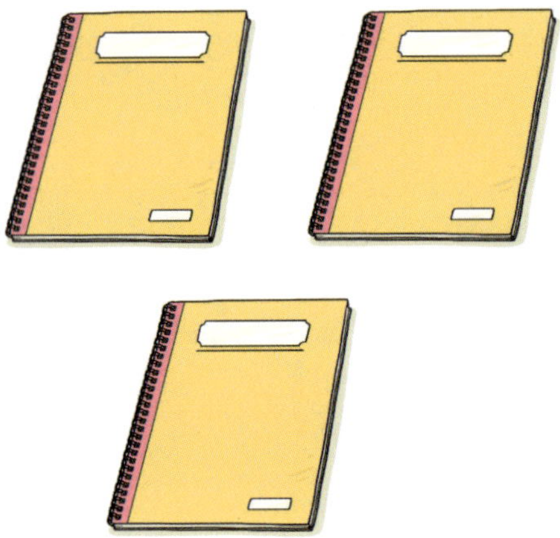

□

② 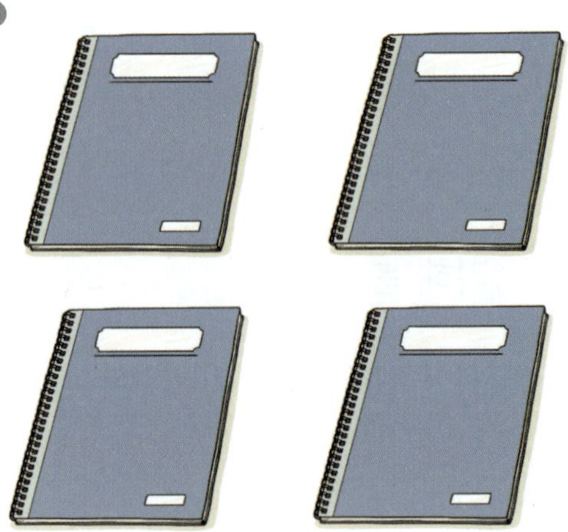

□

## 이야기해 봅시다

EN Let's talk. JP 話してみましょう。 CH 请说一说。

**표현**
EN Expressions
JP 表現
CH 表达方式

에[3], -어 주다

**어휘**
EN Vocabulary
JP 語彙
CH 词汇

개, 장, 박스, 다발, 권, 짜리, 기념품점, 모자, 포장지, 계산하다, 꽃다발을 만들다, 닦다, 배달하다, 포장하다

EN a unit to count things, a unit to count sheets of paper, a box, a bouquet, a unit to count books, worth, a souvenir shop, a hat, wrapping paper, to pay, to make a bouquet, to wash, to deliver, to wrap
JP 個、枚、箱、束、巻、記念品店、帽子、包装紙、計算する、花束を作る、磨く、配達する、包装する
CH 个，张，箱子，束，本(册)，-的，纪念品店，帽子，包装纸，计算，做花束，擦，送(送递)，包装

## 01 연습해 봅시다.

EN Let's practice. JP 練習してみましょう。 CH 练习一下。

1. 얼마입니까? 이야기해 봅시다.

EN How much is it? Let's talk. JP いくらですか？話してみましょう。 CH 多少钱？一起说一说。

2,000원 3,000원

배

1,000원 1,500원

공책

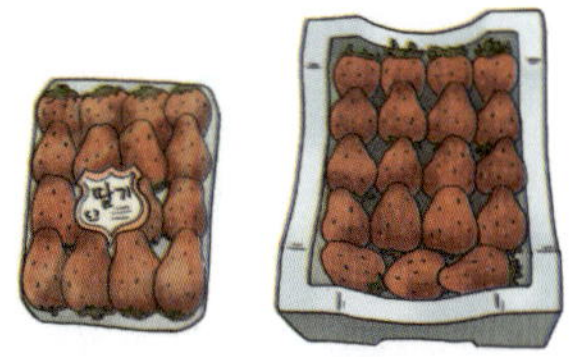

5,800원/1박스 9,800원/1박스

딸기

10,000원 5,000원

꽃다발

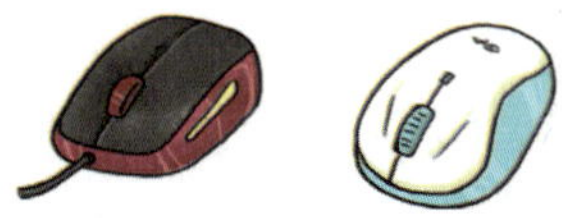

7,000원 12,000원

유선마우스 무선마우스

**보기**

손님 : 이 배 얼마예요?

주인 : 한 개에 2,000원이에요.

2. 그림을 보고 〈보기〉와 같이 이야기해 봅시다.

EN Look at the pictures and let's talk as it is shown in <보기>. JP 絵を見て＜例＞と同じように話してみましょう。 CH 看图片并仿照<例句>一起说一说。

닦다

계산하다

포장하다

배달하다

꽃다발을 만들다

보기

가 : 여기요, 테이블 좀 닦아 주세요.

나 : 네, 닦아 드리겠습니다.

## 02 〈보기〉와 같이 대화를 완성해 봅시다.

EN Let's complete the sentence as it is shown in <보기>. JP <例>と同じように会話を完成させましょう。 CH 仿照<例句>完成对话。

보기

손님 : 공책 있어요?

주인 : 네, 여기 많습니다.

손님 : 이 공책 얼마예요?

주인 : 한 권에 2,000원입니다.

손님 : 그럼, 이 공책 열 권 주세요.

그리고 봉투에 넣어 주세요.

## 03 어디에 있습니까? 얼마입니까? 이야기해 봅시다.

EN Where is it? How much is it? Let's talk. JP どこにありますか？いくらですか？話してみましょう。 CH 在哪儿？多少钱？一起说一说。

**보기**

주인 : 뭘 찾으세요?

손님 : 포장지가 어디에 있어요?

주인 : 여기 있습니다.

손님 : 얼마예요?

주인 : 한 장에 200원입니다. 몇 장 드릴까요?

손님 : 두 장 주세요.

## 정리해 봅시다

EN Let's review. JP まとめ。 CH 整理一下。

### 뭘 샀습니까? 이야기해 보십시오.

EN What did you buy? Talk about it. JP 何を買いましたか？話してみましょう。 CH 买什么了？一起说一说。

# 03 맵지 않아요?

학/습/목/표 음식을 주문할 수 있다.

EN Objective To be able to order food.
JP 学習目標 料理を注文することが出来る。
CH 学习目标 会点餐。

## 준비해 봅시다

EN Let's prepare. JP 準備しましょう。 CH 准备一下。 19

이 사람은 뭘 먹을까요? 듣고 맞는 그림을 고르십시오.

EN What will he eat? Listen and choose the right picture. JP この人は何を食べますか？会話を聴いて内容と合っている絵を選んでください。
CH 这个人会吃什么呢？听并选择正确的图片。

❶

비빔밥

☐

❷

물냉면

☐

## 이야기해 봅시다

EN Let's talk. JP 話してみましょう。 CH 请说一说。

**표현**

EN Expressions
JP 表現
CH 表达方式

–으니까, –지 않아요?

**어휘**

EN Vocabulary
JP 語彙
CH 词汇

라떼, 메뉴, 물냉면, 비빔냉면, 생선구이, 식권, 식단, 제육볶음, 시키다, 주문하다

EN a latte, a menu, moolnaengmyeon, bibimnaengmyeon, a broiled fish, a food coupon, a menu, stir-fried spicy pork, to order, to order
JP ラテ、メニュー、水冷麺、ビビン冷麺、焼き魚、食券、献立、ジェユクポックン(豚肉と野菜の炒め料理)、頼む、注文する、
CH 拿铁，菜单，水冷面，拌冷面，烤鱼，餐券，菜单，炒肉，点，点餐

## 01 연습해 봅시다.

EN Let's practice. JP 練習してみましょう。 CH 练习一下。

1. 친구의 제안이 어떻습니까? 이야기해 봅시다.

EN What do you think about your friend's suggestion? Let's talk. JP 友達の提案はどうですか？話してみましょう。 CH 朋友的建议怎么样? 一起说一说。

**보기**

가 : 김밥 3인분을 주문합시다.
나 : 좀 많지 않아요?

2. 무엇을 할까요? 이야기해 봅시다.

EN What should we do? Let's talk. JP 何にしますか？ 話してみましょう。 CH 做些什么呢? 一起说一说。

보기

가 : 녹차를 마십시다.

나 : 여기는 라떼가 맛있으니까 라떼를 마십시다.

## 02 〈보기〉와 같이 대화를 완성해 봅시다.

EN Let's complete the conversation as it is shown in <보기>. JP 〈例〉と同じように会話を完成させましょう。 CH 仿照〈例句〉完成对话。

보기

가 : 제육볶음 맛있어요?

나 : 좀 매워요.

가 : 그럼, 뭐가 안 매워요?

나 : 생선구이가 맵지 않으니까 생선구이를 시킵시다.

가 : 그럼, 생선구이 3인분을 시킵시다.

나 : 너무 많지 않아요?

## 03 뭘 드릴까요? 이야기해 봅시다.

EN What would you order? Let's talk. JP 何にしますか？ 話してみましょう。 CH 您要点什么？ 一起说一说。

보기

종업원 : 뭘 드릴까요?

손 님 : 무슨 음식이 맛있어요?

종업원 : 비빔냉면이 맛있으니까 비빔냉면을 드세요.

손 님 : 비빔냉면은 맵지 않아요?

종업원 : 그럼, 물냉면을 드세요.

손 님 : 물냉면도 맛있어요?

종업원 : 네, 아주 맛있습니다.

손 님 : 그럼, 물냉면 하나 주세요. 그리고 물 좀 주세요.

## 정리해 봅시다

EN Let's review. JP まとめ。 CH 整理一下。

### 무엇을 먹었습니까? 이야기해 보십시오.

EN What did you eat? Talk about it.
JP 何を食べましたか？話してみましょう。
CH 吃什么了？ 一起说一说。

# 04 저기 높은 건물이에요

**학/습/목/표** 건물과 강의실을 찾을 수 있다.

EN Objective To be able to find buildings and lecture rooms.
JP 学習目標 建物と講義室を探すことが出来る。
CH 学习目标 会找建筑物和教室。

## 준비해 봅시다

EN Let's prepare. JP 準備しましょう。 CH 准备一下。 20

듣고 맞는 그림을 고르십시오.

EN Listen and choose the right picture. JP 会話を聴いて内容に合う絵を選んでください。 CH 听对话并选出正确的图片。

❶

☐

❷

☐

## 이야기해 봅시다

EN Let's talk. JP 話してみましょう。 CH 请说一说。

**표현**

EN Expressions
JP 表現
CH 表达方式

관형형

**어휘**

EN Vocabulary
JP 語彙
CH 词汇

관, 층, 호, 계단, 대강의실, 멀티미디어룸, 문화센터, 세미나실, 스터디센터, 엘리베이터, 제1강의동, 제2강의동, 주차장, 중강의실, 컴퓨터실

EN -building, -floor, room number -, stairs, a grand lecture room, a multimedia room, a culture center, a seminar room, a study center, an elevator, the 1st lecture building, the 2nd lecture building, a parking lot, a middle lecture room, a computer room
JP 館、階、号、階段、大講義室、マルチメディアルーム、文化センター、セミナー室、スタディールーム、エレベーター、第1講義棟、第2講義棟、駐車場、中講義室、パソコン室
CH 馆，层，号，楼梯，大教室，多媒体室，文化中心，研讨会室，学习小组中心，电梯，第一教学楼，第二教学楼，停车场，中型教室，电脑室

## 01 연습해 봅시다.

EN Let's practice. JP 練習してみましょう。 CH 练习一下。

1. 어느 건물입니까? 이야기해 봅시다.

EN Which building is it? Let's talk. JP どの建物ですか？話してみましょう。 CH 是哪个楼? 一起说一说。

크고 멋있다, 높다, 작다,
주차장 옆에 있다, 예쁘다

보기

가 : 어디를 찾으세요?
나 : 문화센터가 어디예요?
가 : 저기 크고 멋있는 건물이에요.

2. 교실이 어디에 있습니까? 이야기해 봅시다.

EN Where is the classroom? Let's talk. JP 教室はどこにありますか？ 話してみましょう。 CH 教室在哪儿? 一起说一说。

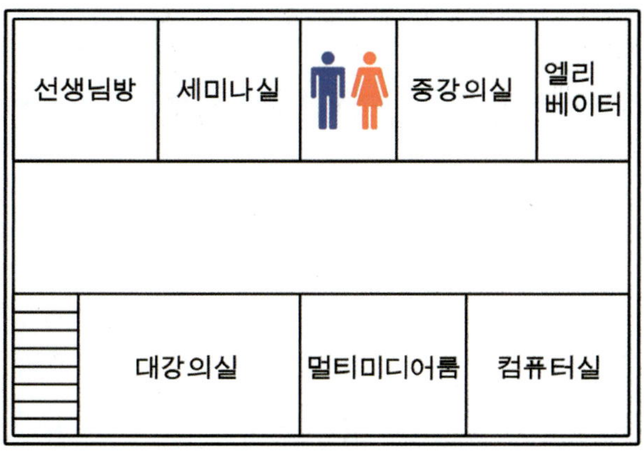


엘리베이터 앞에 있다,
화장실 옆에 있다,
3층에서 제일 크다,
계단 옆에 있다

보기

가 : 어디를 찾으세요?
나 : 컴퓨터실이 어디예요?
가 : 엘리베이터 앞에 있는 방이에요.

## 02 〈보기〉와 같이 대화를 완성해 봅시다.

EN Let's complete the conversation as it is shown in <보기>. JP 〈例〉と同じように会話を完成させましょう。 CH 仿照〈例句〉完成对话。

보기

가 : 어디를 찾으세요?

나 : 제1강의동이 어디에 있어요?

가 : 저기 높은 건물입니다.

나 : 한국어학당 사무실이 거기에 있어요?

가 : 글쎄요, 잘 모르겠어요.
제1강의동에 가서 물어보세요.

## 03 중강의실이 어디에 있습니까? 이야기해 봅시다.

EN Where is the middle lecture room? Let's talk. JP 中講義室はどこにありますか？話してみましょう。 CH 中型教室在哪儿? 一起说一说。

(한 사람은 ㉮그림, 한 사람은 ㉯그림을 가지고 ?의 방 이름을 찾으십시오.)

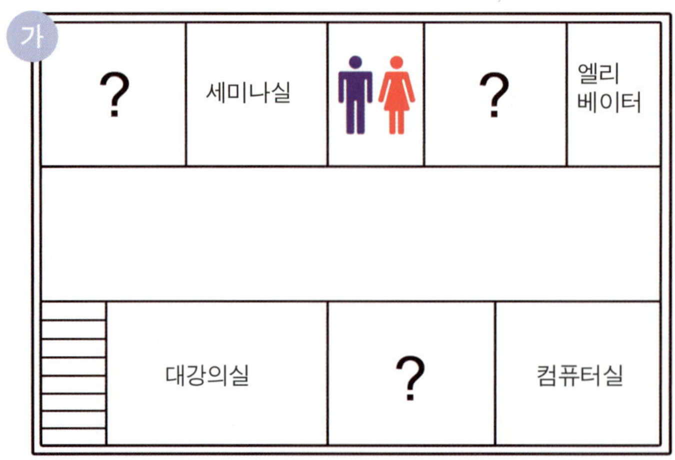


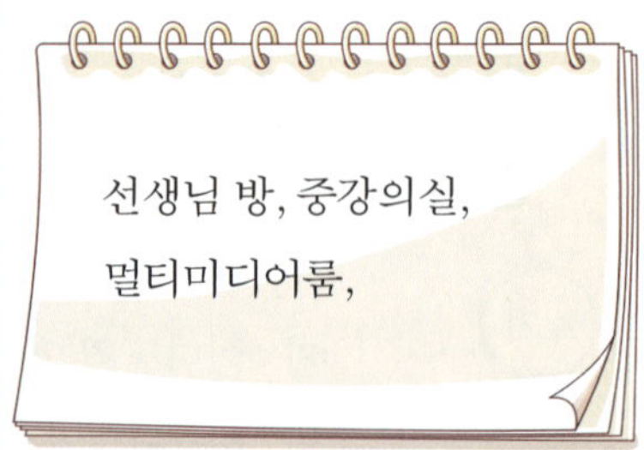

나

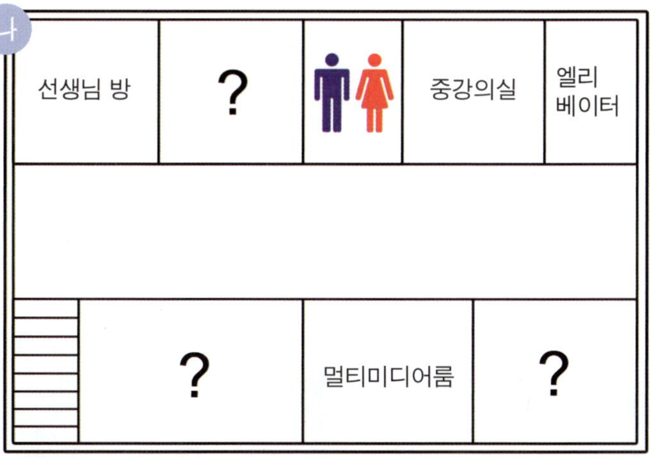


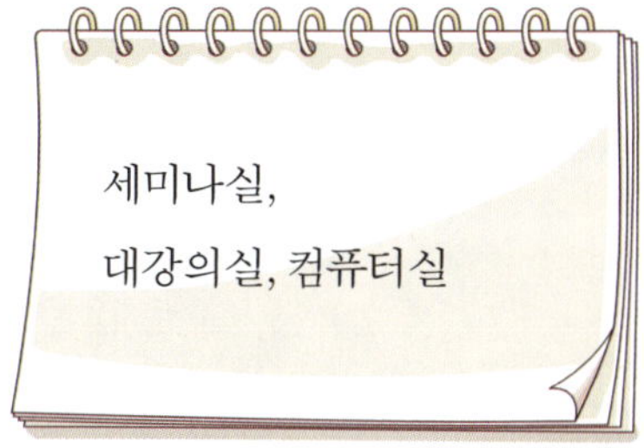


보기

가 : 중강의실이 어디예요?
나 : 엘리베이터 옆에 있는 방이에요.
가 : 선생님방은 어디에 있어요?
나 : 계단 앞에 있는 방이에요.

## 정리해 봅시다

EN Let's review. JP まとめ。 CH 整理一下。

### 어디에서 공부합니까? 이야기해 보십시오.

EN Where do you study? Talk about it.
JP どこで勉強しますか？話してみましょう。
CH 在哪儿学习？一起说一说。

# 제6과

## 학교 생활

01 수업이 재미있지요?

02 방학에 여행을 많이 했어요?

03 기숙사가 하숙집보다 좋아요

04 편의점에서 식사도 해요?

MP3_6

# 01 수업이 재미있지요?

**학/습/목/표** 수업에 대해서 말할 수 있다.

EN Objective To be able to talk about a class.
JP 学習目標 授業について話すことが出来る。
CH 学习目标 会说有关上课的话。

## 준비해 봅시다

EN Let's prepare. JP 準備しましょう。 CH 准备一下。 21

수업이 어떻습니까? 듣고 맞는 그림을 고르십시오.

EN How does she like her class? Listen and choose the right picture. JP 授業はどうですか？会話を聴いて内容に合う絵を選んでください。
CH 课怎么样？听对话并选择正确的图片。

❶

☐

❷

☐

## 이야기해 봅시다

EN Let's talk. JP 話してみましょう。 CH 请说一说。

**표현**

EN Expressions
JP 表現
CH 表达方式

-지만, -지요?

**어휘**

EN Vocabulary
JP 語彙
CH 词汇

듣기, 말하기, 시간표, 쓰기, 읽기, 전공, 무섭다, 즐겁다, 힘들다, 제일, 참

EN listening, speaking, a time table, writing, reading, a major, to be scary, to be pleasant, to be difficult, the most, very
JP 聞き取り、会話、時間表、作文、読解、専攻、怖い、楽しい、大変だ、一番、実に・本当に・非常に
CH 听力, 口语, 时间表, 写作, 阅读, 专业, 害怕, 高兴, 累, 最, 真

## 01 연습해 봅시다.

EN Let's practice. JP 練習してみましょう。 CH 练习一下。

### 1. 무슨 수업을 들으러 갑니까? 이야기해 봅시다.

EN What class are you going to? Let's talk. JP 何の授業を聴きに行きますか？話してみましょう。 CH 你去听什么课? 一起说一说。

보기

가 : 어디에 가세요?

나 : 영어 수업을 들으러 가요.

### 2. 수업은 어떻습니까? 이야기해 봅시다.

EN How do you like your classes? Let's talk. JP 授業はどうですか？ 話してみましょう。 CH 课怎么样? 一起说一说。

선생님이 한국 사람이다
영어를 잘 하다

일본어 수업이 어렵다
아주 재미있다

수학 수업이 쉽다
조금 지루하다

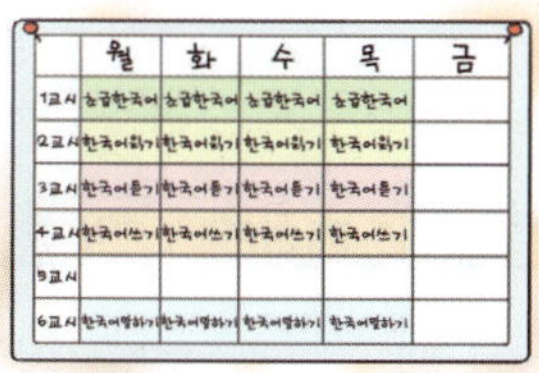


수업이 많다
금요일에는 없다

컴퓨터 수업이 재미있다
숙제가 많다

교실이 깨끗하다
조금 작다

보기

가 : 선생님이 한국 사람이지요?

나 : 네, 한국 사람이지만 영어를 참 잘 하세요.

## 02 <보기>와 같이 대화를 완성해 봅시다.

EN Let's complete the conversation as it is shown in <보기>. JP <例>と同じように会話を完成させてみましょう。 CH 仿照<例句>完成对话。

**보기**

가 : 안녕하세요, 밍밍 씨, 지금 어디에 가세요?
나 : 수업을 들으러 가요.
가 : 무슨 수업을 들어요?
나 : 한국어 수업을 들어요.
가 : 숙제가 많지요?
나 : 네, 숙제가 좀 많지만 재미있어요.

## 03 친구의 수업에 대해서 알아보고 <수업 시간표>를 그려 봅시다.

EN Let's ask about friend's classes and fill in the time table. JP 友達の授業について尋ねて<授業時間表>を書いてみましょう。
CH 打听一下朋友的课，试着画一画<课程表>。

<친구의 수업 시간표>

| | | 월 | 화 | 수 | 목 | 금 | 토 |
|---|---|---|---|---|---|---|---|
| AM | 09:00-09:50 | | | | | | |
| | 10:00-10:50 | | | | | | |
| | 11:00-11:50 | | | | | | |
| PM | 12:00-12:50 | | | | | | |
| | 01:00-01:50 | | | | | | |
| | 02:00-02:50 | | | | | | |
| | 03:00-03:50 | | | | | | |

보기

가 : 한국어 수업이 재미있지요?

나 : 네, 재미있지만 수업이 좀 많아요.

가 : 토요일에도 수업을 해요?

나 : 아니요, 월요일부터 금요일까지는 수업이 있지만 토요일에는 없어요.

가 : 수업이 모두 오전에 있지요?

나 : 한국어 수업은 오전에 있지만 다른 수업은 모두 오후에 있어요.

.........

## 정리해 봅시다

EN Let's review. JP まとめ。 CH 整理一下。

**제일 좋아하는 수업이 무엇입니까? 이야기해 보십시오.**

EN What is your favorite class? Talk about it. JP 一番好きな授業は何ですか？話してみましょう。 CH 你最喜欢的课是什么？一起说一说。

# 02 방학에 여행을 많이 했어요?

**학/습/목/표** 방학 생활에 대해서 말할 수 있다.

EN Objective To be able to talk about one's vacation.
JP 学習目標 長期休みの生活について話すことが出来る。
CH 学习目标 会说假期生活。

## 준비해 봅시다

EN Let's prepare. JP 準備しましょう。 CH 准备一下。 22

방학에 무엇을 했습니까? 듣고 맞는 그림을 고르십시오.

EN What did she do on her vacation? Listen and choose the right picture. JP 長期休みに何をしましたか？会話を聴いて内容に合う絵を選んでください。
CH 假期做什么了？ 听对话并选择正确的图片。

①

☐

②

☐

## 이야기해 봅시다

EN Let's talk. JP 話してみましょう。 CH 请说一说。

**표현**

EN Expressions
JP 表現
CH 表达方式

와/과, -지 못하다.

**어휘**

EN Vocabulary
JP 語彙
CH 词汇

고향, 민속촌, 여행사, 역사, 운전, 자리, 태권도, 학원, 방문하다, 시간을 보내다, 거리가 멀다, 슬프다

EN a hometown, a folk village, a travel bureau, history, driving, a seat, taekwondo, an educational institute, to visit, to spend time, to be far, to be sad
JP 故郷、民俗村、旅行社、歴史、運転、（アルバイトや就職などの）働き口、テコンドー、塾、訪ねる、時間を過ごす、距離が遠い、悲しい
CH 老家，民俗村，旅行社，历史，驾驶，座位，跆拳道，培训班，访问，度过，距离远，难过

## 01 연습해 봅시다.

EN Let's practice. JP 練習してみましょう。 CH 练习一下。

### 1. 방학에 무엇을 했습니까? 이야기해 봅시다.

EN What did you do on your vacation? Let's talk. JP 長期休みに何をしましたか？話してみましょう。 CH 假期做什么了？ 一起说一说。

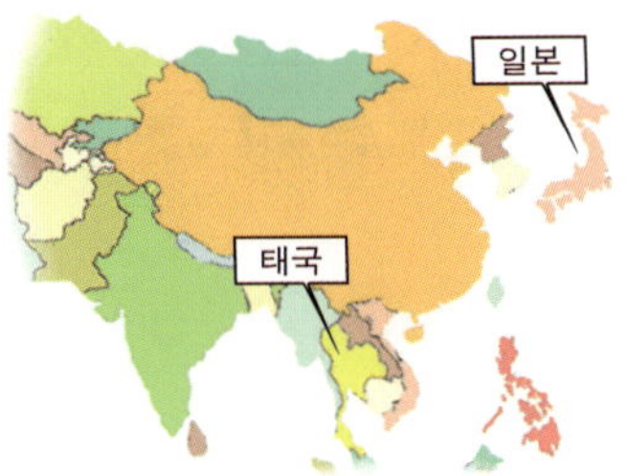

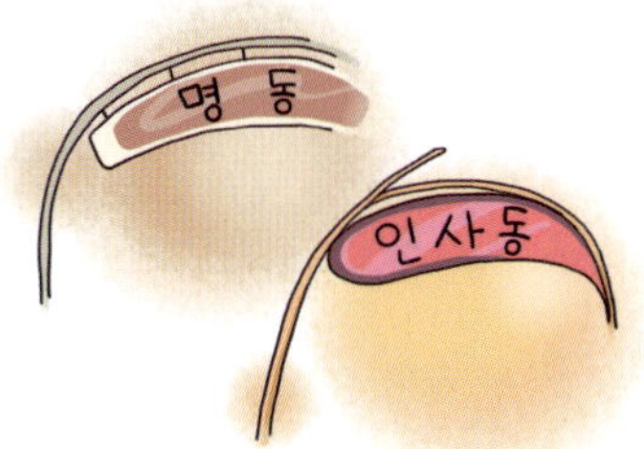

**보기**

가 : 방학에 뭐 했어요?

나 : 일본과 태국을 여행했어요.

### 2. 방학에 무엇을 하지 못했습니까? 왜 못했습니까? 이야기해 봅시다.

EN What could you not do on your vacation? and Why? Let's talk.
JP 長期休みに何ができませんでしたか。なぜできませんでしたか。話してみましょう。 CH 放假没能做什么？ 为什么没能做？ 一起说一说。

**하지 못한 일**

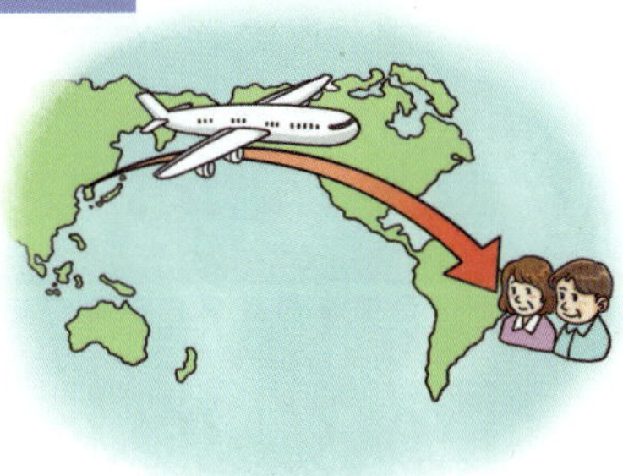

| 이유 | 거리가 멀다 | 방학이 짧다 | 한국어 숙제가 많다 |
|---|---|---|---|

하지못한 일

| 이유 | 바쁘다 | 아르바이트 자리가 없다 | 근처에 학원이 없다 |
|---|---|---|---|

보기

가 : 방학에 고향에 가서 부모님도 만났어요?

나 : 아니요, 너무 멀어서 가지 못했어요.

## 02 〈보기〉와 같이 대화를 완성해 봅시다.

EN Let's complete the conversation as it is shown in <보기>. JP <例>と同じように会話を完成させてみましょう。 CH 仿照<例句>完成对话。

| 여행 | 등산 | 공부 | 아르바이트 |
|---|---|---|---|
| 부산 (O) | 설악산 (O) | 한국말 (O) | 식당 (O) |
| 제주도 (O) | 지리산 (O) | 컴퓨터 (O) | 편의점 (O) |
| 경주 (X) / 시간이 없다 | 한라산 (X) / 바쁘다 | 영어 (X) / 할 일이 많다 | 여행사 (X) / 한국말을 잘하지 못하다 |

보기

가 : 방학에 뭐 했어요.?

나 : 여행을 갔어요.

가 : 어디를 여행했어요?

나 : 부산과 제주도에 갔어요.

가 : 경주에도 갔어요?

가 : 아니요, 경주는 시간이 없어서 가지 못했어요.

## 03 지난 방학에 친구가 하지 못한 것은 무엇입니까? 이야기해 봅시다.

EN What are the things your friend could not do last vacation? Let's talk.
JP 長期休みに友達ができなかった事は何ですか？話してみましょう。 CH 上个假期朋友没能做什么？ 一起说一说。

| | 마리아 | | 친구 1 | | 친구 2 | | 친구 3 | |
|---|---|---|---|---|---|---|---|---|
| 고향방문 | X | 할 일이 많다 | | | | | | |
| 여행 | X | 아르바이트를 하다 | | | | | | |
| 아르바이트 | O | 백화점, 여행사 | | | | | | |

보기

가 : 마리아 씨, 방학에 고향에 가서 가족들과 즐거운 시간을 보냈어요?
나 : 아니요, 할 일이 많아서 가지 못했어요.
가 : 여행도 못 갔어요?
나 : 네, 아르바이트를 해서 못 갔어요.
가 : 어디에서 아르바이트를 했어요?
나 : 백화점과 여행사에서 일했어요.

## 정리해 봅시다

EN Let's review. JP まとめ。 CH 整理一下。

### 친구가 방학에 하지 못한 것을 이야기 해 보십시오.

EN Talk about the things your friend could not do last vacation.
JP 友達が長期休みに出来なかった事を話してみましょう。
CH 说一说朋友假期不能做的事情。

# 03 기숙사가 하숙집보다 좋아요

학/습/목/표 기숙사 시설에 대해서 말할 수 있다.

EN Objective To be able to talk about dormitory facilities.
JP 学習目標 寮の施設について話すことが出来る。
CH 学习目标 会说有关宿舍的设施。

## 준비해 봅시다

EN Let's prepare. JP 準備しましょう。 CH 准备一下。 23

**무엇이 더 좋습니까? 듣고 맞는 그림을 고르십시오.**

EN Which is better? Listen and choose the right picture. JP 何がよりいいですか？会話を聴いて内容に合う絵を選んでください。
CH 什么更好？听对话并选择正确的图片。

❶

☐

❷

☐

## 이야기해 봅시다

EN Let's talk. JP 話してみましょう。 CH 请说一说。

**표현**

EN Expressions
JP 表現
CH 表达方式

-는데[1], 보다

**어휘**

EN Vocabulary
JP 語彙
CH 词汇

개별, 공동, 기숙사비, 독서실, 샤워실, 세탁기, 세탁실, 실내, 야외, 체력단련실, 취사실, 편의시설, 하숙집, 헬스클럽, 휴게실, 물이 (잘) 나오다, 이용하다, 편하다, 혼자

EN individual, group, boarding expenses, a reading room, a shower room, a washing machine, a laundry room, indoor, outdoor, a fitness room, a cookroom, amenities, a boarding house, a health club, a lounge, (water) to be running, to use, to be comfortable, alone

JP 個別、共同、寮費、読書室、シャワー室、洗濯機、洗濯室、室内、野外、フィットネス·ルーム、炊事室(炊事の出来る部屋)、(便利)施設、下宿、ヘルスクラブ、休憩室、水が出る、利用する、便利だ、一人

CH 个别，共同，宿舍费，读书室，淋浴室，洗衣机，洗衣室，室内，室外，体力锻炼室，厨房，便利设施，下宿，健身房，休息室，出水，使用，方便，自己

## 01 연습해 봅시다.

EN Let's practice. JP 練習してみましょう。 CH 练习一下。

1. 기숙사 시설이 어떻습니까? 알고 싶은 것이 무엇입니까? 이야기해 봅시다.

EN How do your like dormitory facilities? What do you want to know about them? Let's talk.
JP 寮の施設はどうですか？知りたい事は何ですか？話してみましょう。 CH 宿舍条件怎么样? 你想知道什么? 一起说一说。

**보기**

가 : 기숙사 식당 음식이 맛있는데 값이 비싸요?
나 : 아니요, 비싸지 않아요

2. 그림을 보고 〈보기〉와 같이 비교해 봅시다.

EN Let's look at the pictures and make a comparison as it is shown in <보기>. JP 絵を見て＜例＞と同じように比べてみましょう。
CH 看图片和<例句>比较一下。

웨이 방

제임스 방

한국대학교 기숙사

대한대학교 기숙사

한국어학당 컴퓨터실

기숙사 컴퓨터실

학생식당

기숙사식당

마리아 방

리에 방

**보기**

가 : 누구 방이 더 넓어요?

나 : 웨이 씨 방이 제임스 씨 방보다 넓어요.

## 02 〈보기〉와 같이 대화를 완성해 봅시다.

EN Let's complete the conversation as it is shown in <보기>. JP 〈例〉と同じように会話を完成させてみましょう。 CH 仿照〈例句〉完成对话。

**보기**

가 : 여기가 어디예요?

나 : 기숙사 휴게실이에요.

가 : 휴게실이 참 좋은데 자주 오세요?

나 : TV를 보러 자주 와요.

가 : 여기는 우리 학교 기숙사 휴게실보다 넓어요.

나 : 다른 곳도 보러 갈까요?

가 : 그럽시다.

## 03 기숙사 시설을 비교해 봅시다.

EN Let's compare the two dormitory facilities. JP 寮の施設を比べてみましょう。 CH 比较一下宿舍设施。

| | 에릭 씨 기숙사 | 마이클 씨 기숙사 |
|---|---|---|
| 방 수 | 50실 | 60실 |
| 방 크기 | 30$m^2$ | 20$m^2$ |
| 사용 인원 | 4인1실 | 2인1실 |
| 실내운동 시설 | X | O |
| 야외운동 시설 | O | X |
| 샤워실 | 공동 샤워실 | 개별 샤워실 |
| 휴게실 | 150$m^2$ | 120$m^2$ |
| 취사실 | X | O |
| 세탁실 | 세탁기 10대 | 세탁기 15대 |
| 독서실 | O | X |
| 컴퓨터실 | 컴퓨터 30대 | 컴퓨터 20대 |
| 기숙사비(한 달) | 25만원 | 40만원 |

보기

가 : 누구 기숙사가 방이 더 많아요?

나 : 마이클씨 기숙사가 에릭씨 기숙사보다 방이 많아요.

가 : 에릭씨 기숙사가 방은 더 넓은데 몇 명이 같이 살아요?

## 정리해 봅시다

EN Let's review. JP まとめ。 CH 整理一下。

### 에릭 씨와 마이클 씨 기숙사에 대해서 이야기해 보십시오.

EN Talk about Eric's dormitory and Michael's dormitory.
JP エリックさんとマイケルさんの寮について話してみましょう。
CH 一起谈论埃里克和麦克宿舍的有关情况。

# 04 편의점에서 식사도 해요?

**학/습/목/표** 기숙사 시설에 대해서 말할 수 있다.

EN Objective To be able to talk about dormitory facilities.
JP 学習目標 寮の施設について話すことができる。
CH 学习目标 会说宿舍的有关设施。

## 준비해 봅시다

EN Let's prepare. JP 準備しましょう。 CH 准备一下。 24

**편의점에서 가끔 먹는 음식이 무엇입니까? 듣고 맞는 그림을 고르십시오.**

EN What is the food he often eats at the convenience store? Listen and choose the right picture.
JP コンビニで時々食べる食べ物は何ですか？会話を聴いて内容に合う絵を選んでください。 CH 在便利店偶尔吃什么？ 听对话并选择正确的图片。

❶

☐

❷

☐

## 이야기해 봅시다

EN Let's talk. JP 話してみましょう。 CH 请说一说。

**표현**

EN Expressions
JP 表現
CH 表达方式

-는데요, 이나

**어휘**

EN Vocabulary
JP 語彙
CH 词汇

김밥, 만두, 만화책, 삼각 김밥, 양말, 어묵, 우산, 장갑, 컵라면, 소포를 보내다, 충전하다, 심심하다, 갑자기

EN gimbap, a dumpling, a comic book, a triangle gimbap, socks, fish cake, an umbrella, gloves, an instant cup ramen, to send a parcel, to recharge, to be bored, suddenly
JP キンパプ、マンドゥ、漫画本、おにぎり、靴下、かまぼこ、傘、手袋、カップラーメン、小包を送る、入金(チャージ)する、退屈だ、いきなり
CH 紫菜包饭，饺子，漫画书，三角紫菜包饭，袜子，鱼糕，雨伞，手套，桶装方便面，寄包裹，充电，无聊，突然

## 01 연습해 봅시다.

EN Let's practice. JP 練習してみましょう。 CH 练习一下。

1. 무엇을 하고 싶습니까? 이야기해 봅시다.

EN What do you want to do? Let's talk. JP 何がしたいですか？話してみましょう。 CH 想做什么？ 一起说一说。

보기

가 : 교통카드를 충전하고 싶은데요.

나 : 그럼 편의점에 갈까요?

2. 편의점에서 무엇을 팝니까? 이야기해 봅시다.

EN What do they sell at a convenience store? Let's talk. JP コンビニでは何を売っていますか？話してみましょう。 CH 便利店卖些什么？ 一起说一说。

보기

가 : 편의점에서 잡지도 팔아요?

나 : 네, 저는 가끔 편의점에서 신문이나 잡지를 사서 봐요.

## 02 〈보기〉와 같이 대화를 완성해 봅시다.

EN Let's complete the conversation as it is shown in <보기>. JP 〈例〉と同じように会話を完成させてみましょう。 CH 仿照〈例句〉完成对话。

보기

가 : 볼펜이 없는데요.

나 : 그럼 볼펜을 사러 문구점에 갑시다.

가 : 문구점은 머니까 가까운 편의점에 갑시다.

나 : 편의점에 볼펜도 있어요?

가 : 그럼요. 저는 편의점에서 가끔 볼펜이나 연필을 사요.

## 03 그림을 보고 관계 있는 단어를 찾아서 대화를 만들어 봅시다.

EN Let's find words related with each picture and make a conversation. JP 絵を見て関連する単語を見つけ、会話を作ってみましょう。
CH 看图片找出有关联的单词并编对话。

단어

아이스크림 오렌지 주스 포도 주스 커피 녹차 홍차 시디(CD)
디브이디(DVD) 소설책 만화책 신문 잡지 김밥 컵라면 샌드위치

보기

가 : 좀 심심한데요.
나 : 우리 책을 읽을까요?
가 : 만화책 있어요? 저는 만화책을 읽고 싶어요.
나 : 그럼 만화책을 사러 서점에 갑시다.
가 : 지금 저녁 11시예요. 서점은 문을 닫았어요.
나 : 그럼 편의점에 갈까요?
가 : 편의점에서 책도 팔아요?
나 : 그럼요. 저는 가끔 편의점에 가서 책이나 잡지를 사요.
……

## 정리해 봅시다

EN Let's review. JP まとめ。 CH 整理一下。

### 편의점에 간 경험을 이야기해 보십시오.

EN Talk about your experience of going to a convenience store. JP コンビニに行った経験を話してみましょう。 CH 说一说你去便利店的经历。

지난 주 금요일 오후에 갑자기 비가 왔어요. 그래서 우산을 사러 편의점에 갔어요. 시간도 없고 시장도 멀어서 가까운 편의점에 갔어요. 먹을 것, 볼 것, 쓸 것들이 많았어요. ……

# 제7과

## 교통

**01** 이 근처에 백화점이 있어요?
**02** 버스가 빨라요
**03** 뭘 탈까요?
**04** 그 길로 가지 마세요

MP3_7

# 01 이 근처에 백화점이 있어요?

학/습/목/표 길을 물어보고 설명할 수 있다.

EN Objective To be able to ask for and explain directions.
JP 学習目標 道を尋ねて説明することが出来る。
CH 学习目标 会问路及说明路。

## 준비해 봅시다

EN Let's prepare. JP 準備しましょう。 CH 准备一下。 25

듣고 맞는 그림을 고르십시오.

EN Listen and Choose the right picture. JP 会話を聴いて内容に合う絵を選んでください。 CH 听对话并选出正确的图片。

❶

☐

❷

☐

## 이야기해 봅시다

EN Let's talk. JP 話してみましょう。 CH 请说一说。

**표현**

EN Expressions
JP 表現
CH 表达方式

-으면

**어휘**

EN Vocabulary
JP 語彙
CH 词汇

고속버스 터미널, 기차역, 버스 정류장, 여객 터미널, 육교, 지하도, 지하철역, 횡단보도

EN an express bus termina., a train station, a bus stop, a passenger terminal, a pedestrian overpass, an underpass, a subway station, a crosswalk
JP 高速バスターミナル、汽車駅、バス停留所、旅客ターミナル、歩道橋、地下道、地下鉄駅、横断歩道
CH 高速汽车站, 火车站, 公共汽车站, 客运站, 天桥, 地下通道, 地铁站, 人行横道

## 01 연습해 봅시다.

EN Let's practice. JP 練習してみましょう。 CH 练习一下。

1. 실례지만 이 근처에 있습니까? 이야기해 봅시다.

EN Excuse me, but is it nearby here? Let's talk. JP 失礼ですが、この近所にありますか？話してみましょう。
CH 不好意思，在这附近有这个吗？一起说一说。

| 지하철역 | 공원 | 아파트 | 대학교 |
|---|---|---|---|
| 신촌역 | 새아침 공원 | 한강아파트 | 세연대학교 |
| 이대역 | 해돋이 공원 | 연세아파트 | 한국대학교 |

보기

가 : 실례지만 이 근처에 지하철역이 있어요?

나 : 네, 신촌역하고 이대역이 있어요.

2. 어디에 있습니까? 이야기해 봅시다.

EN Where is it? Let's talk. JP どこにありますか？話してみましょう。 CH 在哪儿？一起说一说。

커피숍

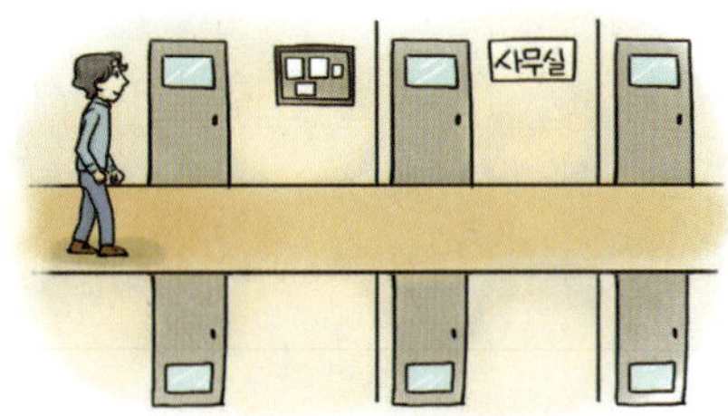


사무실

약국

ATM

병원

꽃집

보기

가 : 커피숍이 어디에 있어요?

나 : 똑바로 가면 오른쪽에 있어요.

## 02 〈보기〉와 같이 대화를 완성해 봅시다.

EN Let's complete the conversation as it is shown in <보기>. JP 〈例〉と同じように会話を完成させましょう。 CH 仿照〈例句〉完成对话。

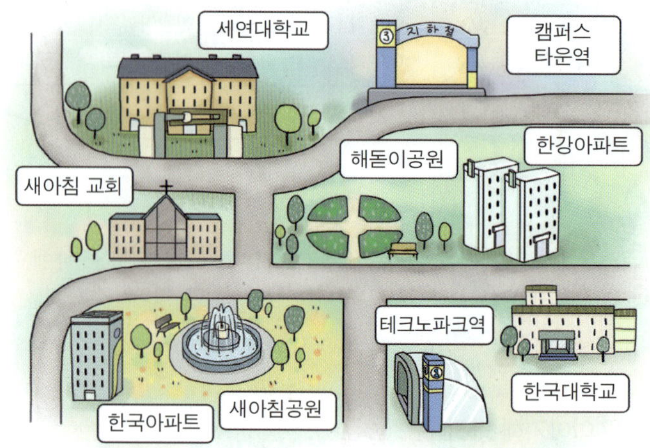


보기

가 : 실례지만, 이 근처에 공원이 있어요?

나 : 네, 새아침공원하고 해돋이공원이 있어요.

가 : 해돋이공원이 어디에 있어요?

나 : 저기 한강 아파트 옆에 있어요.

가 : 고맙습니다.

## 03 어디에 있어요? 이야기해 봅시다.

EN Where is it? Let's talk. JP どこにありますか？話してみましょう。 CH 在哪儿呢？一起说一说。

(한 사람은 ㉮그림, 한 사람은 ㉯그림을 봅니다. 각 장소가 어디에 있는지 물어보고 ?에 장소의 이름을 쓰십시오)

EN (One person looks at the picture ㉮, and the other looks at the picture ㉯. Ask locations of the places, and write names of the places on '?'.)
JP 二人が内容の違う絵を持ちます。お互いに分からない場所を尋ねて '?' に場所の名を書いてください。
CH (一个人看㉮图片，另一个人看㉯图片。问朋友各个场所的位置并写在 '?' 那个场所的名字.)

보기

가 : 실례지만, 이 근처에 우체국이 있어요?

나 : 네, 똑바로 가세요. 횡단보도를 건너면 화장품 가게가 있어요.
화장품 가게 오른쪽에 우체국이 있어요.

가

피자 가게
피시(PC)방
편의점

나

커피숍
서점
은행

## 정리해 봅시다

EN Let's review. JP まとめ。 CH 整理一下。

**학교 근처에서 어디에 갔습니까? 어디에 있습니까? 이야기해 보십시오.**

EN Where did you go around the school? Where are those places? Talk about it.
JP 学校の近所ではどこに行きましたか？どこにありますか？話してみてください。
CH 学校附近你去过哪儿？在哪儿呢？一起说一说。

저는 시간이 있으면 해돋이 공원에 가서 산책을 해요. 근처에 지하철역이 두 개 있어요. 캠퍼스타운역하고 테크노파크역이에요. 여기에서 캠퍼스타운역이 더 가까워요. 캠퍼스타운역 앞에 한강아파트가 있어요. 한강아파트 옆에 해돋이공원이 있어요.

# 02 버스가 빨라요

학/습/목/표 교통 수단에 대해서 말할 수 있다.

EN Objective To be able to ask about the transporation.
JP 学習目標 交通手段について話すことが出来る。
CH 学习目标 会表达交通工具

## 준비해 봅시다

EN Let's prepare. JP 準備しましょう。 CH 准备一下。 26

듣고 맞는 그림을 고르십시오.

EN Listen and choose the right picture. JP 会話を聴いて内容に合う絵を選んでください。 CH 听对话并选出正确的图片。

❶

☐

❷

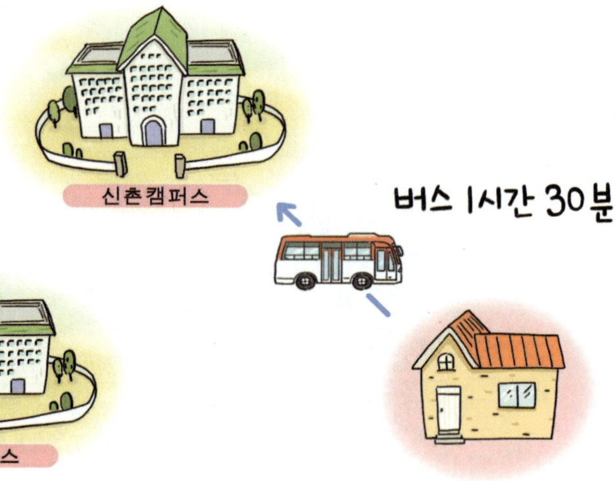


☐

## 이야기해 봅시다

EN Let's talk. JP 話してみましょう。 CH 请说一说。

**표현**

EN Expressions
JP 表現
CH 表达方式

에서~까지, -은 것 같다

**어휘**

EN Vocabulary
JP 語彙
CH 词汇

교통 수단, 버스, 비행기, 지하철, 케이티엑스(KTX), 택시, 불편하다, 빠르다

EN transporation, a bus, an airplane, a subway, KTX, a taxi, to be inconvenient, to be fast
JP 交通手段、バス、飛行機、地下鉄、KTX、タクシー、複雑だ、不便だ、速い
CH 交通工具, 公车, 飞机, 地铁, KTX, 出租车, 不方便, 快

## 01 연습해 봅시다.

EN Let's practice. JP 練習してみましょう。 CH 练习一下。

### 1. 얼마나 걸립니까? 이야기해 봅시다.

EN How long does it take? Let's talk. JP どれくらいかかりますか？話してみましょう。 CH 要花多长时间？ 一起说一说。

| 출발지 | 도착지 | 교통 수단 | 시간 |
|---|---|---|---|
| 학교 | 인천 공항 | 버스 | 30분 |
| 국제 캠퍼스 | 신촌 캠퍼스 | 학교 버스 | 1시간 10분 |
| 인천 터미널 | 동대문 시장 | 지하철 | 45분 |
| 서울역 | 부산 | 케이티엑스(KTX) | 2시간 50분 |
| 기숙사 | 인천터미널 | 택시 | 15분 |
| 여기 | 제주도 | 비행기 | 50분 |
|  |  | 걸어서 |  |

보기

가 : 학교에서 인천공항까지 얼마나 걸려요?

나 : 버스로 30분 걸려요.

### 2. 어느 교통 수단이 좋습니까? 이야기해 봅시다.

EN Which transportation is better? Let's talk. JP どの交通手段が良いですか？話してみましょう。 CH 哪个交通工具好？ 一起说一说。

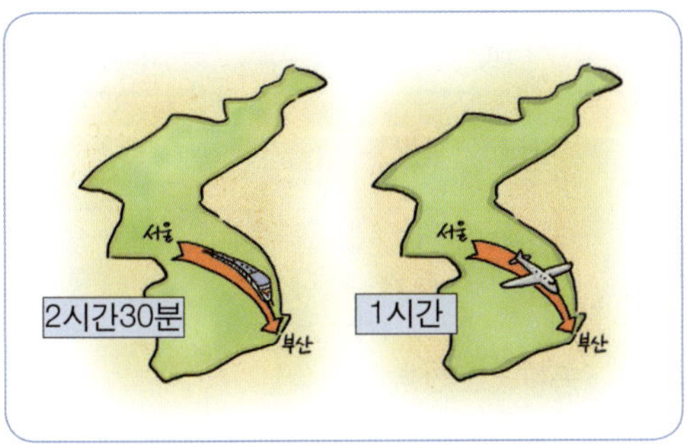

**보기**

가 : 고속버스가 편해요? 기차가 편해요?

나 : 고속버스보다 기차가 편한 것 같아요.

## 02 〈보기〉와 같이 대화를 완성해 봅시다.

EN Let's complete the conversation as it is shown in <보기>. JP <例>と同じように会話を完成させましょう。 CH 仿照<例句>完成对话。

**남산**
1시간30분
버스-지하철
싸다

**신촌캠퍼스**
1시간10분
버스-지하철
빠르다

**문학경기장**
20분
택시-버스
편하다

**놀이공원**
50분
시외버스-고속버스
빠르다

**보기**

가 : 여기에서 신촌캠퍼스까지 얼마나 걸려요?

나 : 1시간 10분쯤 걸립니다.

가 : 버스가 빨라요? 지하철이 빨라요?

나 : 지하철이 버스보다 빠른 것 같아요.

가 : 지하철역에서 학교까지 몇 분쯤 걸려요?

나 : 걸어서 5분쯤 걸려요.

## 03 고향집까지 무엇을 타고 갑니까? 얼마나 걸립니까? 이야기해 봅시다.

EN What do you ride to your hometown? How long does it take? Let's talk.
JP 故郷の家まで何に乗って行きますか？どれくらいかかりますか？話してみましょう。 CH 坐什么车去老家？ 要花多长时间？ 一起说一说。

| 질문 | 제리 | 친구1 | 친구2 | 친구3 |
|---|---|---|---|---|
| 여기에서 인천공항까지 얼마나 걸려요? | 버스 20분 | | | |
| 인천공항에서 ________ 까지 얼마나 걸려요? | 뉴욕<br>비행기 13시간 | | | |
| 공항에서 집까지 얼마나 걸려요? | 공항버스 50분 | | | |

보기

가 : 여기에서 인천공항까지 얼마나 걸려요?
나 : 버스로 20분 쯤 걸려요.
가 : 인천공항에서 뉴욕까지 얼마나 걸려요?
나 : 비행기로 13시간쯤 걸려요.
가 : 공항에서 집까지 얼마나 걸려요?
나 : 공항에서 집 근처 터미널까지 공항버스로 50분쯤 걸려요.
가 : 터미널에서 집까지 택시로 15분쯤 걸려요.

## 정리해 봅시다

EN Let's review. JP まとめ。 CH 整理一下。

### 고향집에 오는 길을 설명해 보십시오.

EN Explain how to get to your hometown. JP 故郷の家への行き方について説明してください。 CH 请说明一下回老家的路。

(여기에서 고향집까지 어떻게 가는지 각 경유지까지 걸리는 시간을 교통수단과 함께 발표합니다.)

EN (Make a presentation about how to get to your hometown, explaining how long it takes to each stop and what type of transporation you use.)
JP (ここから故郷の家までどう行くか、各経由地までかかる時間と移動手段を一緒に発表する。)
CH (请进行发表, 内容是: 从这儿怎么回老家, 到达各个途径地所花的时间, 及交通工具。)

# 03 뭘 탈까요?

학/습/목/표 교통수단을 선택하고 제안 할 수 있다.

EN Objective To be able to choose means of transportation.
JP 学習目標 交通手段を選択し提案することが出来る。
CH 学习目标 会选择交通手段及对此提出建议.

## 준비해 봅시다

EN Let's prepare. JP 準備しましょう。 CH 准备一下。 27

듣고 맞는 그림을 고르십시오.

EN Listen and choose the right picture. JP 会話を聴いて内容に合う絵を選んでください。 CH 听对话并选出正确的图片。

❶

☐

❷

☐

## 이야기해 봅시다

EN Let's talk. JP 話してみましょう。 CH 请说一说。

**표현**

EN Expressions
JP 表現
CH 表达方式

-는데[2], 으로[1]

**어휘**

EN Vocabulary
JP 語彙
CH 词汇

거기, 그쪽, 날씨, 여기, 오른쪽, 왼쪽, 이쪽, 저기, 저쪽, 걸어서 가다, 차가 밀리다

EN there, that way, weather, here, the right, the left, this way, there, that way, to walk, (cars) to be congested
JP そこ、そっち、天気、ここ、右、左、こっち、あそこ、あっち、歩いて行く、(車が)渋滞する
CH 那里, 那边, 天气, 这里, 右边, 左边, 这边, 那里, 那边, 走路去, 堵车

## 01 연습해 봅시다.

EN Let's practice. JP 練習してみましょう。 CH 练习一下。

### 1. 어떻게 갈까요? 이야기해 봅시다.

EN How should we get there? Let's talk. JP どうやって行きましょうか？話してみましょう。 CH 怎么去呢？ 一起说一说。

보기

가 : 뭘 타고 갈까요?

나 : 날씨가 좋은데 걸어서 갑시다.

### 2. 어디로 갈까요? 이야기해 봅시다.

EN Which floor should I go to? Let's talk.
JP 何階に行きますか？ 話してみましょう。
CH 去哪儿？ 一起说一说。

보기

가 : 비행기표를 사고 싶어요. 여행사가 어디에 있어요?

나 : 2층으로 가세요. 여행사가 있어요.

## 02 〈보기〉와 같이 대화를 완성해 봅시다.

EN Let's complete the conversation as it is shown in <보기>. JP <例>と同じように会話を完成させてみましょう。 CH 仿照<例句>完成对话。

| 목적지 | 상황 | 교통 수단 |
|---|---|---|
| 터미널 | 짐이 많아요 |  |
| 학교 | 늦었어요 |   |
| 서울역 | 교통이 복잡해요 |  |
| 제주도 | 비행기표가 비싸요 |  |

보기

가 : 터미널에 뭘 타고 갈까요?

나 : 짐이 많은데 택시를 타고 갑시다.

가 : 네. 그럽시다.

나 : 이쪽은 택시가 잘 안 와요.

가 : 그럼, 저쪽으로 가서 기다릴까요?

나 : 어! 저기 택시가 와요. 뛰어갑시다.

## 03 어디에 갈까요? 뭘 타고 갈까요? 그곳이 어떻습니까? 이야기해 봅시다.

EN Where should we go? What should we take? How is the place? Let's talk.
JP どこに行きましょうか？何に乗って行きましょうか？そこはどうですか？話してみましょう。
CH 去哪儿? 坐什么车去? 那里怎么样? 一起说一说。

| 질문 | 미선 씨 | 친구1 | 친구2 | 친구3 |
|---|---|---|---|---|
| 어디에 갈까요? | 인사동 | | | |
| 뭘 타고 갈까요? | 지하철 | | | |
| 어때요? | 외국 사람이 많다<br>예쁜 물건이 많다 | | | |

**보기**

가 : 미선 씨, 어디에 갈까요?
나 : 인사동에 갑시다.
가 : 뭘 타고 갈까요?
나 : 교통이 복잡한데 지하철을 타고 갑시다.
가 : 인사동은 어때요?
나 : 외국 사람도 많고 예쁜 물건들도 많아요.

## 정리해 봅시다

EN Let's review. JP まとめ。 CH 整理一下。

### 친구가 어디에 갔습니까? 뭘 타고 갔습니까? 그곳이 어땠습니까? 이야기해 보십시오.

EN Where did your friend go? How did he/she get there? How was that place? Talk about it.
JP 友達はどこに行きましたか？何に乗っていきましたか？そこはどうでしたか？ 話してみてください。
CH 朋友去哪儿了？ 坐什么车去的？ 那个地方怎么样？ 一起说一说。

# 04 그 길로 가지 마세요

학/습/목/표 택시를 이용할 수 있다.

EN Objective To be able to take a taxi.
JP 学習目標 タクシーを利用することが出来る。
CH 学习目标 会利用出租车。

## 준비해 봅시다

EN Let's prepare. JP 準備しましょう。 CH 准备一下。 28

**택시 기사는 어느 길로 가고 싶어합니까? 듣고 맞는 그림을 고르십시오.**

EN Which way does the taxi driver want to take? Listen and choose the right picture. JP 会話を聴いて内容に合う絵を選んでください。
CH 出租车司机想走哪条路? 听对话并选出正确的图片。

❶

☐

❷

☐

## 이야기해 봅시다

EN Let's talk. JP 話してみましょう。 CH 请说一说。

**표현**

EN Expressions
JP 表現
CH 表达方式

–는 것 같다, –지 말다

**어휘**

EN Vocabulary
JP 語彙
CH 词汇

순환도로, 터널, 우회전, 유턴, 좌회전, 택시 승강장, 택시 요금, 길이 막히다, 돌다, 세워 주다, 쪽으로 가다

EN a belt way, a tunnel, right turn, U turn, left turn, a taxi stand, a taxi fare, (traffic) to be heavy, to detour, to stop, to take the way of
JP 循環道路、トンネル、右折、Uターン、左折、タクシー乗り場、タクシー料金、道が混む、回る、停めてくれる、一方に行く
CH 循环路地道, 右拐, 掉头, 左拐, 出租车站台, 出租车费, 堵车, 转, 停车, 往…走

## 01 연습해 봅시다.

EN Let's practice. JP 練習してみましょう。 CH 练习一下。

### 1. 어디로 갈까요? 이야기해 봅시다.

EN Which way should we take? Let's talk. JP どこに行きましょうか？話してみましょう。 CH 去哪儿呢？一起说一说。

**보기**

가 : 어디로 갈까요?

나 : 서울병원으로 가 주세요.

가 : 순환도로로 갈까요?

나 : 아니요, 그 길은 좀 도는 것 같아요.

### 2. 어디에 세워 드릴까요? 이야기해 봅시다.

EN Where should I pull over? Let's talk. JP どこに停めましょうか？話してみましょう。 CH 给您停在哪儿呢？ 一起说一说。

**보기**

가 : 서울병원 안으로 들어갑니까?

나 : 아니요, 들어가지 마세요. 저 슈퍼마켓 앞에 세워 주세요.

## 02 〈보기〉와 같이 대화를 완성해 봅시다.

EN Let's complete the conversation as it is shown in <보기>. JP ＜例＞と同じように会話を完成させてみましょう。 CH 仿照＜例句＞完成对话。

**보기**

가 : 어디로 갈까요?

나 : 연세대학교 국제캠퍼스로 가 주세요.

가 : 순환도로로 갈까요?

나 : 아니요, 그 길은 좀 도는 것 같아요.

가 : 학교 안으로 들어갑니까?

가 : 아니요, 들어가지 마세요. 정문 앞에 세워 주세요.

## 03 택시기사에게 어떻게 말할까요? 이야기해 봅시다.

EN How should we say to the taxi driver? Let's talk. JP タクシーの運転手にどう言いますか？ 話してみましょう。
CH 怎样对出租车司机说？ 一起说一说。

보기

기사 : 어서 오십시오. 어디로 모실까요?

손님 : 차이나타운 거리로 가 주세요.

기사 : 터널로 갈까요?

손님 : 아니요, 터널로 가면 좀 도는 것 같아요.

기사 : 차이나타운 거리 안으로 들어갑니까?

손님 : 아니요, 저기 버스 정류장 앞에 내려 주세요.

기사 : 네, 알겠습니다.

손님 : 9,000원 여기 있습니다. 고맙습니다.

## 정리해 봅시다

EN Let's review. JP まとめ。 CH 整理一下。

**한국에서 택시를 탔습니까? 택시를 타고 어디에 갔습니까? 거기에서 뭘 했습니까? 이야기해 보십시오.**

EN Did you take a taxi in Korea? Where did you go by taxi? What did you do there? Talk about it.
JP 韓国でタクシーに乗りましたか？タクシーに乗ってどこに行きましたか？そこで何をしましたか？話してみてください。
CH 在韩国坐过出租车吗？ 坐出租车去哪儿了？ 在那儿干什么了？ 一起说一说。

# 제8과

# 전화

01 전화번호가 몇 번이에요?
02 내일 송별회를 하려고 해요
03 제가 다시 전화할게요
04 웨이 씨 좀 바꿔 주세요

MP3_8

# 01 전화번호가 몇 번이에요?

학/습/목/표 전화번호를 말할 수 있다.

EN Objective To be able to tell a telephone number.
JP 学習目標 電話番号を言うことが出来る。
CH 学习目标 会说电话号码。

## 준비해 봅시다

EN Let's prepare. JP 準備しましょう。 CH 准备一下。 29

듣고 맞는 그림을 고르십시오.

EN Listen and choose the right picture. JP 会話を聴いて内容と合っている絵を選んでください。 CH 听并选择正确的图片。

❶

☐

❷

☐

## 이야기해 봅시다

EN Let's talk. JP 話してみましょう。 CH 请说一说。

**표현**

EN Expressions
JP 表現
CH 表达方式

-은 후에

**어휘**

EN Vocabulary
JP 語彙
CH 词汇

모임, 번호, 사무실, 회의, 휴대 전화, 맞다, 전화를 드리다, 이따가

EN a gathering, a number, an office, a conference, a cellular phone, to be correct, to make a call, later
JP 集まり・集会、番号、事務所、会議、携帯電話、合う、電話をさし上げる、後で
CH 聚会，号码，办公室，会议，手机，对，打电话，一会儿

## 01 연습해 봅시다.

EN Let's practice. JP 練習してみましょう。 CH 练习一下。

1. 어떻게 거절할까요? 이야기해 봅시다.

EN How should we refuse? Let's talk. JP どうやって断りますか？話してみましょう。 CH 怎么拒绝？一起说一说。

보기

가 : 점심을 먹은 후에 우리 도서관에서 같이 숙제할까요?

나 : 미안하지만 오후에 약속이 있는데요.

## 2. 전화번호를 물어 봅시다.

EN Let's ask for a phone number. JP 電話番号を訊いてみましょう。 CH 问问电话号码。

전화번호가 몇 번이에요? / 전화번호가 어떻게 되세요? / 전화번호 좀 가르쳐 주세요.
전화번호 좀 말씀해 주세요. / 전화번호를 알고 싶은데요. / 전화번호를 아세요?

**보기**

가 : 전화번호가 몇 번이에요?

나 : 010-1234-7639예요

## 02 〈보기〉와 같이 대화를 완성해 봅시다.

EN Let's complete the conversation as it is shown in <보기>. JP 〈例〉と同じように会話を完成させてみましょう。 CH 仿照〈例句〉完成对话。

보기

가 : 오늘 시간이 있어요?

나 : 오전에 한국어 수업이 있어요.

가 : 수업이 끝난 후에 같이 농구할까요?

나 : 오후에 컴퓨터 수업이 있는데요. 이따가 전화하세요.

가 : 그럼 휴대전화 번호를 좀 가르쳐 주세요.

나 : 제 번호는 010-1234-3461이에요.

## 03 전화번호가 몇 번이에요?

EN What is your phone number? JP 電話番号は何番ですか？ CH 电话号码是多少？

(친구들 전화번호를 물어 봅시다.)

EN (Let's ask for friends' phone numbers) JP (友達の電話番号を訊いてみましょう。) CH (问问朋友们的电话号码。)

| | 휴대 전화 번호 | 집(고향 집, 기숙사, 하숙집) 전화번호 |
|---|---|---|
| 리에 | 010-1234-5385 | 02-987-6294 |
| 친구1 | | |
| 친구2 | | |
| 친구3 | | |

**보기**

가 : 리에 씨, 휴대 전화 번호가 어떻게 돼요?

나 : 010-1234-5385인데요.

가 : 010-1234-5385, 맞아요?

나 : 네, 맞아요.

가 : 하숙집 전화번호도 좀 가르쳐 주세요.

나 : 02-987-6294예요.

……

## 정리해 봅시다

EN Let's review. JP まとめ。 CH 整理一下。

### 여러분의 전화번호를 이야기해 보십시오.

EN Tell your phone number. JP 皆さんの電話番号を話してください。 CH 说一说大家的电话号码。

# 02 내일 송별회를 하려고 해요

학/습/목/표 전화를 걸어서 용건을 말할 수 있다.

EN Objective To be able to say one's business over the telephone.
JP 学習目標 電話をかけて用件を話すことが出来る。
CH 学习目标 会打电话说明要点。

## 준비해 봅시다

EN Let's prepare. JP 準備しましょう。 CH 准备一下。 30

**무엇을 할 계획입니까? 듣고 맞는 그림을 고르십시오.**

EN What is the woman's plan tomorrow? Listen and choose the right picture.
JP 明日何をする予定ですか？会話を聴いて内容に合う絵を選んでください。 CH 明天打算做什么？ 听对话并选择正确的图片。

❶

☐

❷

☐

## 이야기해 봅시다

EN Let's talk. JP 話してみましょう。 CH 请说一说。

**표현**

EN Expressions
JP 表現
CH 表达方式

-기 전에, -으려고 하다

**어휘**

EN Vocabulary
JP 語彙
CH 词汇

놀이공원, 동창회, 바다, 반모임, 생일 파티, 송별회, 신문사, 신입생 환영회, 학기, 회식, 돌아가다, 모이다, 실례하다, 유학 가다, 파티를 하다, 특별하다, 일찍

EN an amusement park, a school reunion, the sea, a class gethering, a birthday party, a farewell party, a newspaper, a welcome party for the freshmen, a semester, a get-together, to go back, to gather, to excuse, to go overseas to study, to throw a party, to be special, early
JP 交通手段、遊園地·アミューズメントパーク、同窓会、海、クラスの集まり、誕生日パーティー、送別会、新聞社、新入生歓迎会、学期、会食、帰る·戻る、集まる、失礼する、留学する、パーティーをする、特別だ、早く·早めに
CH 游乐场，同学聚会，大海，班级聚会，生日派对，送别会，报社，新生欢迎会，学期，聚餐，回去，聚，失礼，去留学，开派对，特别，早

## 01 연습해 봅시다.

EN Let's practice. JP 練習してみましょう。 CH 练习一下。

1. 전화를 걸어 봅시다.

EN Let's make a call. JP 電話をかけてみましょう。 CH 试着打电话。

여보세요 / −씨 이지요? / − 맞습니까? / −씨 계세요? / −씨 있어요? / −씨 좀 부탁합니다 / (거기) −이지요? / (거기) OOO - OOOO(번) 맞습니까? / (거기) OOO - OOOO(번)이지요? / −씨 휴대전화 맞습니까?

네, 그런데요. / 네, 맞는데요. / 네, 전데요. / 네, 제가 --인데요 / 네, 그런데 무슨 일이십니까? / 네, 뭘 도와 드릴까요? / 네, 그런데 누굴 찾으십니까? / 네, 그런데 누구세요? / 네, 실례지만 누구세요? / (아닙니다) 전화 잘못 거셨습니다

**보기**

가 : 여보세요, 리에 씨 계세요?

나 : 네, 전데요. 누구세요?

가 : 저 마리아예요.

2. 무슨 일로 전화하셨습니까? 이야기해 봅시다.

EN What is your call regarding? Let's talk. JP どんな用事で電話しましたか？話してみましょう。 CH 因为什么事打电话？一起说一说。

보기

가 : 무슨 일로 전화하셨어요?

나 : 이번 학기가 끝나기 전에 우리 반 모임을 하려고 해요.

## 02 〈보기〉와 같이 대화를 완성해 봅시다.

EN Let's complete the conversation as it is shown in <보기>. JP <例>と同じように会話を完成させてみましょう。 CH 仿照<例句>完成对话。

미선 마리아 웨이 박재민

보기

가 : 여보세요? 정우 씨 집이지요?

나 : 네, 그런데요.

가 : 정우 씨 좀 부탁합니다.

나 : 전데요. 실례지만 누구십니까?

가 : 정우 씨, 저 미선이에요.

나 : 미선 씨, 안녕하세요? 그런데 무슨 일이에요?

가 : 유미 씨가 유학 가기 전에 다 같이 모여서 송별회를 하려고 해요.

## 03 내일은 '한글날'입니다. 수업이 없습니다. 뭘 할 거예요?

EN Tomorrow is Hangul proclamation day. There is no class. What are you going to do?
JP 明日は'ハングルの日'です。授業はありません。何をしますか？ CH 明天是 '韩文日'。没有课。你要做什么？

(친구들에게 쉬는 날 계획에 대해 물어 보세요.)

EN (Ask your friends about their holiday plans.) JP (友達に休みの日の予定について訊いてみてください。)
CH (问一问朋友们休息的日子有什么计划。)

| | 밍밍 | 친구1 | 친구2 | 친구3 |
|---|---|---|---|---|
| 가고 싶은 곳 | 인천 | | | |
| 교통 수단 | 지하철 | | | |
| 하고 싶은 일 | 생선을 먹다/<br>바다를 구경하다 | | | |

**보기**

가 : 여보세요, 저 리에인데요. 밍밍 있어요?
나 : 아, 리에 씨, 밍밍이에요.
가 : 내일 수업이 없는데 뭐 할 거예요?
나 : 가까운 인천에 가려고 해요.
가 : 인천까지 어떻게 갈 거예요?
나 : 지하철을 타고 가려고 해요.
가 : 거기에서 뭐 할 거예요?
나 : 맛있는 생선도 먹고 바다도 구경하려고 해요.
가 : 나도 같이 가고 싶은데요.
나 : 좋아요. 같이 갑시다. 집에서 출발하기 전에 전화해 주세요.

## 정리해 봅시다

EN Let's review. JP まとめ。 CH 整理一下。

### 내일 특별한 계획이 있습니까? 이야기해 보십시오.

EN Do you have any special plan tomorrow? Talk about it. JP 明日、特別な予定はありますか？話してみてください。
CH 明天有什么特别的计划吗？一起说一说。

# 03 제가 다시 전화할게요

학/습/목/표 전화로 약속을 할 수 있다.

EN Objective To be able to make an appointment over the telephone.
JP 学習目標 電話で約束をすることが出来る。
CH 学习目标 会用电话约人。

## 준비해 봅시다

EN Let's prepare. JP 準備しましょう。 CH 准备一下。 31

선생님은 어디에서 전화를 받으십니까? 듣고 맞는 그림을 고르십시오.

EN Where is the teacher answering the phone? Listen and choose the right picture.
JP 先生は今どこで電話を取りましたか？会話を聴いて内容に合う絵を選んでください。 CH 老师现在在哪儿接电话？ 听对话并选择正确的图片。

❶

☐

❷

☐

## 이야기해 봅시다

EN Let's talk. JP 話してみましょう。 CH 请说一说。

**표현**

EN Expressions
JP 表現
CH 表达方式

-을게요, -을 수 있다

**어휘**

EN Vocabulary
JP 語彙
CH 词汇

내리다, 물어보다, 사장, 연락하다, 일을 끝내다, 출발하다, 통화하다, 곤란하다, 나중에

EN to get off, to ask, a president of a company, to contact, to finish one's work, to depart, to talk over the phone, to be difficult, later
JP 降りる、尋ねる·問う、社長、連絡する、仕事·用事を終わらせる、出発する、通話する、困る、後で·後ほど
CH 下来，问，老板，联系，完成工作，出发，通电话，困难，以后

## 01 연습해 봅시다.

EN Let's practice. JP 練習してみましょう。 CH 练习一下。

### 1. 전화해 봅시다.

EN Let's make a call. JP 電話してみましょう。 CH 试着打电话。

지금 전화 받을 수 있어요? / 지금 이야기할 수 있어요? / 지금 통화할 수 있어요? / 지금 전화 괜찮으세요? / 지금 통화 괜찮으세요?

네, 말씀하세요. / 네, 괜찮아요. / 네, 이야기하세요. / 네, 그런데 무슨 일이세요? / 미안해요. 지금 좀 곤란한데요. / 미안해요. ------. / 제가 다시 전화할게요. / 제가 이따가 전화할게요. / 제가 나중에 전화할게요.

**보기**

가 : 지금 전화 받을 수 있어요?

나 : 네. 말씀하세요.

**보기**

가 : 지금 전화 괜찮으세요?

나 : 미안해요. 지금 노래방이에요.
제가 이따가 전화할게요.

## 2. 전화로 약속해 봅시다.

EN Let's make an appointment over the phone. JP 電話で約束してみましょう。 CH 用电话约人。

보기

가 : 오늘은 집에 일찍 올 수 있어요?

나 : 오늘은 꼭 일찍 들어갈게요.

## 02 〈보기〉와 같이 대화를 완성해 봅시다.

EN Let's complete the conversation as it is shown in <보기>. JP 〈例〉と同じように会話を完成させてみましょう。 CH 仿照〈例句〉完成对话。

**보기**

가 : 지금 통화할 수 있어요?

나 : 네, 괜찮아요. 말씀하세요.

가 : 저, 제 한국어 숙제 좀 도와 줄 수 있어요?

나 : 그럼요. 지금 제가 기숙사로 갈게요.

## 03 친구와 전화로 약속 시간과 장소를 정해 봅시다.

EN Let's set the appointment time and place over the phone. JP 友達と電話で約束時間と場所を決めてみましょう。
CH 跟朋友用电话定约定时间和地点。

**보기**

가 : 여보세요, 민수 씨, 저 웨이예요.

나 : 안녕하세요? 웨이 씨, 웬 일이세요?

가 : 오늘 6시에 만날 수 있어요?

나 : 네, 괜찮아요. 어디에서 만날까요?

가 : 학교 앞이 어때요?

나 : 네. 좋아요. 제가 6시까지 학교 앞으로 갈게요.

가 : 그럼, 제가 출발하기 전에 다시 한 번 전화할게요.

## 정리해 봅시다

EN Let's review. JP まとめ。 CH 整理一下。

### 여러분은 전화로 무슨 약속을 했습니까? 이야기해 보십시오.

EN What appointment did you set over the phone. Talk about it. JP 皆さんは電話で何の約束をしましたか？話してみてください。
CH 大家用电话做过什么约定？ 一起说一说。

노트

# 04 웨이 씨 좀 바꿔 주세요

학/습/목/표 전화로 상대방을 바꿔달라고 말할 수 있다.

EN Objective To be able to request to talk to another person during a phone conversation.
JP 学習目標 電話で相手を変わってほしいと言うことが出来る。
CH 学习目标 会用电话让对方转接别人。

## 준비해 봅시다

EN Let's prepare. JP 準備しましょう。 CH 准备一下。 32

남자는 무엇을 하고 있습니까? 듣고 맞는 그림을 고르십시오.

EN What is the man doing? Listen and choose the right picture. JP ジョンウは何をしていますか？会話を聴いて内容に合う絵を選んでください。
CH 男子正在做什么？听对话并选择正确的图片。

❶

☐

❷

☐

## 이야기해 봅시다

EN Let's talk. JP 話してみましょう。 CH 请说一说。

**표현**

EN Expressions
JP 表現
CH 表达方式

-고 있다, 만

**어휘**

EN Vocabulary
JP 語彙
CH 词汇

리포트, 바꾸다, 샤워하다, 벌써, 잠깐만, 잠시만

EN a report, to get someone on the phone, to take a shower, already, a second, a moment
JP リポート、換える、シャワーをする、もう·すでに、(時間的に)少し、少しの間
CH 报告书，换，淋浴，已经，一会儿，一会儿

## 01 연습해 봅시다.

EN Let's practice. JP 練習してみましょう。 CH 练习一下。

1. 누구하고 통화하고 싶습니까? 이야기해 봅시다.

EN Who do you want to speak to on the phone? Let's talk. JP 誰と電話したいですか？ 話してみましょう。 CH 你想和谁通电话？ 一起说一说。

| | |
|---|---|
| 미안하지만(죄송하지만) _씨 좀 바꿔 주세요.<br>_씨 좀 바꿔 주실 수 있어요?<br>_씨하고 통화할 수 있어요?<br>_씨 있어요? | 잠깐만 기다리세요. / 잠시만 기다리세요.<br>잠깐만요. / 잠시만요. / 바꿔 드릴게요.<br>_씨, 전화 받으세요. / _씨, 전화 왔어요.<br>전화 바꿨습니다. |

웨이 영수

마리아 영희

크리스 제임스

정희 존

에릭 스즈키

미선 리에

**보기**

가 : 여보세요, 저 웨이인데요. 민철 씨 좀 바꿔 주세요.

나 : 잠시만 기다리세요.

2. 지금 뭘 하고 있습니까? 이야기해 봅시다.

EN What is the man/woman doing? Let's talk. JP 今何をしていますか？話してみましょう。 CH 现在正在干什么？一起说一说。

보기

가 : 전화 바꿨습니다.

나 : 제임스 씨, 저 민철이에요. 지금 뭐 하세요?

가 : 텔레비전을 보고 있어요.

## 02 〈보기〉와 같이 대화를 완성해 봅시다.

EN Let's complete the conversation as it is shown in <보기>. JP <例>と同じように会話を完成させてみましょう。 CH 仿照<例句>完成对话。

영수

마리아

마이클

미선

보기

가 : 여보세요? 저는 영수 씨 친구 웨이인데요. 죄송하지만 영수 씨 좀 바꿔 주세요.

나 : 잠깐만 기다리세요. 바꿔 드릴게요.

……

다 : 네, 전화 바꿨습니다. 이 영수입니다.

가 : 영수 씨, 저 웨이예요.

다 : 아, 안녕하세요, 웨이 씨.

가 : 지금 뭐 해요?

다 : 숙제를 하고 있어요.

## 03 쉬는 시간에 친구들이 뭐 하고 있을까요? 알아봅시다.

EN What are friends doing? Let's find out. JP 休みの時間に友達は何をしていますか？調べてみましょう。
CH 休息时间内朋友们在做什么呢？了解一下。

(한 사람은 ㉮그림을 보고, 다른 한 사람은 ㉯그림을 보십시오. 그림 속의 5명의 친구들이 무엇을 하고 있는지 상대방에게 물어보고 알아내야 합니다.)

EN (One person has the picture ㉮ and the other has the picture ㉯. Ask each other and find out what 5 people are doing in the picture.)
JP (二人が内容の違う絵を持ちます。お互いに分からない部分を尋ね、5人の人物が何をしているのか明らかにしましょう。)
CH (一个人看㉮图片，另一个人看㉯图片。分别询问对方，打听出5个朋友分别在做什么。)

가

보기

가 : 여보세요? 영수씨, 저 마이클이에요.

나 : 안녕하세요? 마이클 씨, 벌써 한국에 왔어요?

가 : 아니요. 고향집이에요. 친구들이 보고 싶어서 전화했어요.
전화 받을 수 있어요?

나 : 네, 지금은 쉬는 시간이에요.

가 : 그래요? 에릭 씨는 지금 뭐해요?

나 : 에릭 씨는 신문을 보고 있어요.

가 : 다른 사람들도 신문을 보고 있어요?

나 : 아니요, 에릭 씨만 신문을 보고 있어요.

가 : 웨이 씨는 뭐 해요?

나 : 웨이씨는 ……

나

## 정리해 봅시다

EN Let's review. JP まとめ。 CH 整理一下。

토요일 오전 11시와 오후 2시에 여러분에게 전화했지만 전화를 받지 않았습니다.
여러분은 그 시간에 무엇을 하고 있었습니까? 이야기해 보십시오.

EN Your friend called you at 11:00 am and 2:00 pm, but you did not answer the phone. What were you doing at that time? Talk about it.
JP 土曜日の午前11時と午後2時に皆さんに電話しましたが電話に出ませんでした。皆さんはその時間に何をしていましたか？話してみてください。
CH 星期六上午11点和下午2点给你们打电话了， 但是你们都没接到。那时候大家正在做什么呢？ 一起说一说。

# 제9과

# 날씨와 계절

01 눈이 그쳤어요

02 한국은 선선한데요

03 가을에도 비가 자주 와요?

04 스키를 타러 갑시다

MP3_9

# 01 눈이 그쳤어요

**학/습/목/표** 날씨에 대해서 말 할 수 있다.

EN Objective To be able to talk about weather.
JP 学習目標 天気について話すことが出来る。
CH 学习目标 会说天气。

## 준비해 봅시다

EN Let's prepare. JP 準備しましょう。 CH 准备一下。 33

**날씨가 어떻습니까? 듣고 맞는 그림을 고르십시오.**

EN How is the weather? Listen and Choose the right picture. JP 天気はどうですか。会話を聴いて内容に合う絵を選んでください。
CH 天气怎么样? 听并选择正确的图片。

❶

☐

❷

☐

## 이야기해 봅시다

EN Let's talk. JP 話してみましょう。 CH 请说一说。

**표현**

EN Expressions
JP 表現
CH 表达方式

–어도 되다, –으면 안 되다

**어휘**

EN Vocabulary
JP 語彙
CH 词汇

마라톤, 조깅, 개다, 눈이 그치다, 눈이 오다, 바람이 불다, 비가 그치다, 비가 오다, 비를 맞다, 안개가 끼다, 길이 미끄럽다, 유행이다, 흐리다, 아직

EN a marathon, jogging, to clear up, (snow) to stop, to snow, (wind) to blow, (rain) to stop, to rain, to get rained on, to be foggy, to be slippery, to go around, to be cloudy, still
JP マラソン、ジョギング、晴れる、雪が止む、雪が降る、風が吹く、雨が止む、雨が降る、雨に降られる、霧が立ち込める、道が滑る、流行だ、曇る、まだ
CH 马拉松, 慢跑, 晴, 雪停了, 下雪, 刮风, 雨停了, 下雨, 淋雨, 有雾, 路很滑, 流行, 阴, 还

## 01 연습해 봅시다.

EN Let's practice. JP 練習してみましょう。 CH 练习一下。

1. 날씨가 어떻습니까? 이야기해 봅시다.

EN How's the weather? Let's talk. JP 天気はどうですか？話してみましょう。 CH 天气怎么样? 一起说一说。

보기

가 : 오늘 날씨가 어때요?

나 : 좀 추운데요.

2. 무엇을 하면 안 됩니까? 이야기해 봅시다.

EN What should we not do? Let's talk. JP 何をしてはいけませんか？話してみましょう。 CH 什么不能做?一起说一说。

수영을 하다 | 배드민턴을 치다 | 자전거를 타다 | 축구를 하다 | 마라톤을 하다

보기

가 : 수영하면 안 돼요?

나 : 네, 추워서 수영하면 안 돼요.

## 02 〈보기〉와 같이 대화를 완성해 봅시다.

EN Let's complete the conversation as it is shown in <보기>. JP 〈例〉と同じように会話を完成させましょう。 CH 仿照〈例句〉完成对话。

| | |
|---|---|
| 비가 오다 | 비가 그치다 |
| 눈이 오다 | 눈이 그치다 |
| 날씨가 개다 | 바람이 불다 |

| | |
|---|---|
| 도서관에 가다 | 집에서 쉬다 |
| 쇼핑을 하다 | 조깅을 하다 |
| 산책을 하다 | 등산을 하다 |

보기

가 : 아직 비 와요?

나 : 그쳤는데요, 왜요?.

가 : 공원에 조깅 하러 가려고 해요.

나 : 저도 같이 가면 안 돼요?

가 : 같이 가도 돼요.

## 03 이런 날씨에 뭘 하면 안 됩니까? 이야기해 봅시다.

EN What should we not do in weather like this? Let's talk. JP こんな天気の時は何をしてはいけませんか？話してみましょう。
CH 这样的天气不能做什么？一起说一说。

자전거를 타다

감기가 유행이다

주말에 날씨가 개다

등산을 하다

길이 미끄럽다

내일은 눈이 녹다

테니스를 치다

공이 날아가다

오후에 바람이 안 불다

보기

가 : 자전거를 타도 돼요?

나 : 안 돼요. 비가 올 것 같아요

가 : 비 조금 맞아도 괜찮아요

나 : 요즘 비를 맞으면 안 돼요. 감기가 유행이에요.

가 : 자전거를 타고 싶은데, 어떻게 하지요?

나 : 주말에 날씨가 갤 것 같아요. 그때 타세요.

## 정리해 봅시다

EN Let's review. JP まとめ。 CH 整理一下。

### 이번 주에 날씨가 어땠습니까? 뭘 했습니까? 이야기해 보십시오.

EN How was the weather of this week? What did you do? Talk about it. JP 今週の天気はどうでしたか？何をしましたか？話してみてください。
CH 这个星期的天气怎么样? 做什么了? 一起说一说。

# 02 한국은 선선한데요

학/습/목/표 날씨를 비교해서 말할 수 있다.

EN Objective To be able to make a comparison of weathers.
JP 学習目標 天気を比較して話すことが出来る。
CH 学习目标 会说比较天气的话。

## 준비해 봅시다

EN Let's prepare. JP 準備しましょう。 CH 准备一下。 34

**이 사람들은 어떤 날씨를 좋아합니까? 듣고 맞는 그림을 고르십시오.**

EN What kind of weather do these people like? Listen and choose the right picture.
JP この人たちはどんな天気が好きですか。会話を聴いて内容に合う絵を選んでください。 CH 他们喜欢什么样的天气？听并选择正确的图片。

❶

☐

❷

☐

## 이야기해 봅시다

EN Let's talk. JP 話してみましょう。 CH 请说一说。

**표현**

EN Expressions
JP 表現
CH 表达方式

-는데[3]

**어휘**

EN Vocabulary
JP 語彙
CH 词汇

기온이 낮다, 기온이 높다, 선선하다, 습도가 높다, 쌀쌀하다

EN (temperature) to be low, (temperature) to be high, to be cool, to be humid, to be chilly
JP 気温が低い、気温が高い、肌寒い、湿度が高い、(空気が)涼しい
CH 气温低, 气温高, 凉快, 湿度大, 冷飕飕的

## 01 연습해 봅시다.

EN Let's practice. JP 練習してみましょう。 CH 练习一下。

1. 날씨가 어떻습니까? 이야기해 봅시다.

EN How is the weather? Let's talk. JP 天気はどうですか？話してみましょう。 CH 天气怎么样? 一起说一说。

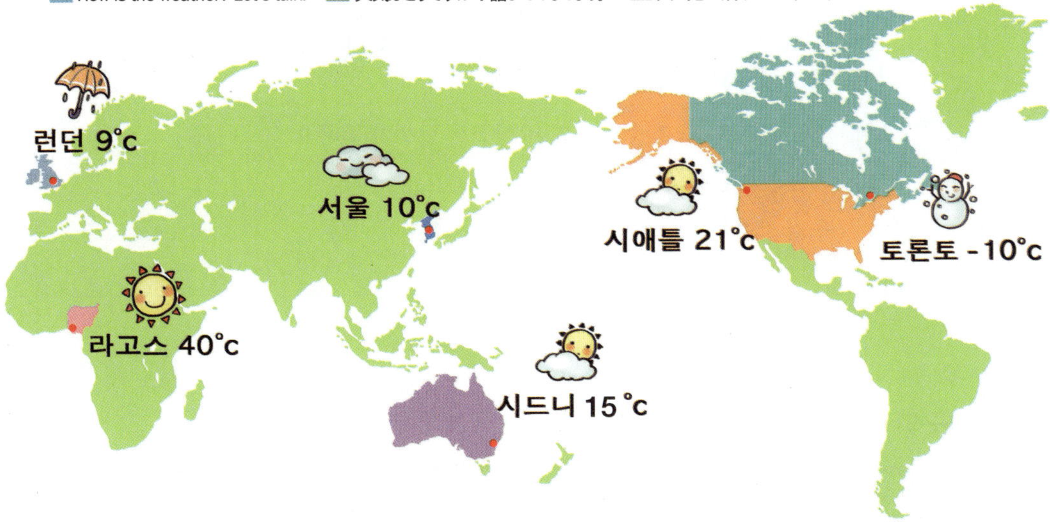


보기

가 : 라고스는 많이 더워요?

나 : 네, 서울은 쌀쌀한데 라고스는 많이 더워요.

2. 어떤 날씨를 좋아합니까? 어떤 날씨를 싫어합니까? 이야기해 봅시다.

EN What kind of weather do you like? What kind of weather do you not like? Let's talk.
JP どんな天気が好きですか？どんな天気が嫌いですか？話してみましょう。
CH 你喜欢什么样的天气? 不喜欢什么样的天气? 一起说一说。

보기

가 : 어떤 날씨를 좋아하세요?

나 : 저는 덥지도 않고 춥지도 않은 선선한 날씨가 좋아요.

## 02 〈보기〉와 같이 대화를 완성해 봅시다.

EN Let's complete the conversation as it is shown in <보기>. JP <例>と同じように会話を完成させてみましょう。 CH 仿照<例句>完成对话。

보기

가 : 조금 덥지요?

나 : 네, 한국은 9월에 좀 더운데 우리 고향은 선선해요.

가 : 어떤 날씨를 좋아하세요?

나 : 저는 덥지도 않고 춥지도 않은 선선한 날씨가 좋아요.

가 : 지금은 조금 덥지만 곧 선선해질 거예요.

나 : 우리 고향은 10월이 되면 조금 쌀쌀해요.

## 03 친구의 고향 날씨를 알아 봅시다.

EN Let's ask about weather of your friends' hometown. JP 友達の故郷の気候を調べてみましょう。 CH 了解一下朋友老家的天气。

| | 미선 | 친구1 | 친구2 | 친구3 |
|---|---|---|---|---|
| 고향 | 부산 | | | |
| 고향 날씨 | 선선하다 | | | |
| 좋아하는 날씨 | 조금 덥다 | | | |

보기

가 : 제 고향은 상하이인데 미선 씨 고향은 어디예요?

나 : 제 고향은 부산이에요.

가 : 상하이는 9월에도 좀 더운데 부산 날씨는 어때요?

나 : 부산은 조금 선선해요.

가 : 저는 선선한 날씨를 좋아하는데 미선 씨는 어때요?

나 : 저는 조금 더운 날씨가 좋아요.

## 정리해 봅시다

EN Let's review. JP まとめ。 CH 整理一下。

### 한국 날씨와 고향 날씨가 어떻게 다릅니까? 이야기해 보십시오.

EN How is the weather in Korea and your hometown different? Talk about it.
JP 韓国の気候と故郷の気候にはどのような違いがありますか？ 話してみてください。
CH 韩国天气与你家乡的天气有什么不同？ 一起说一说。

# 03 가을에도 비가 자주 와요?

학/습/목/표 계절에 대해서 말할 수 있다.

EN Objective To be able to talk about seasons.
JP 学習目標 季節について話すことが出来る。
CH 学习目标 会说季节。

## 준비해 봅시다

EN Let's prepare. JP 準備しましょう。 CH 准备一下。 35

듣고 맞는 그림을 고르십시오.

EN Listen and choose the right picture. JP 会話を聴いて内容に合う絵を選んでください。 CH 听对话并选出正确的图片。

❶

☐

❷

☐

## 이야기해 봅시다

EN Let's talk. JP 話してみましょう。 CH 请说一说。

**표현**

EN Expressions
JP 表現
CH 表达方式

–는 동안, –어야 하다

**어휘**

EN Vocabulary
JP 語彙
CH 词汇

가을, 겨울, 등산화, 봄, 비옷, 선글라스, 선크림, 손수건, 수영복, 여름, 트레킹, 털모자, 꽃이 피다, 단풍이 들다, 땀이 나다, 변하다, 햇볕이 강하다

EN fall, winter, hiking boots, spring, a raincoat, sunglasses, sunscreen, a handkerchief, a swimsuit, summer, trekking, a woolen hat, to bloom, (leaves) to turn red, to sweat, to change, (sunlight) to blaze
JP 秋、冬、登山靴、春、雨合羽、サングラス、日焼け止め、ハンカチ、水着、夏、トレッキング、毛皮の帽子、花が咲く、紅葉する、汗が出る、変わる、日差しが強い
CH 秋天，冬天，登山鞋，春天，雨衣，太阳镜，防晒霜，手绢，游泳衣，夏天，远足，皮帽子，开花，枫叶变红，流汗，变化，阳光强

## 01 연습해 봅시다.

EN Let's practice. JP 練習してみましょう。 CH 练习一下。

1. 한국의 계절과 날씨를 연결하고 말해 봅시다.

EN Let's connect the weather and season of Korea, and talk about it. JP 韓国の季節と気候を関連付けて話してみましょう。
CH 请把韩国的季节和天气联系起来说一说。

| | | |
|---|---|---|
| 봄 • | • 덥다 • | • 꽃이 피다 |
| 여름 • | • 춥다 • | • 햇볕이 강하다 |
| 가을 • | • 선선하다 • | • 눈이 오다 |
| 겨울 • | • 따뜻하다 • | • 비가 자주 오다 |

보기

봄은 따뜻합니다. 봄에는 꽃이 핍니다.

2. 여행하는 동안 날씨가 어땠어요?

EN How was the weather during the trip? JP 旅行の間の天気はどうでしたか？ CH 你去旅行的时候天气怎么样？

보기

가 : 여행하는 동안 날씨가 어땠어요?

나 : 봄이어서 따뜻했어요. 꽃이 피어서 아주 아름다웠어요.

## 02 〈보기〉와 같이 대화를 완성해 봅시다.

EN Let's complete the conversation as it is shown in <보기>. JP <例>と同じように会話を完成させましょう。 CH 仿照<例句>完成对话。

| 제주도(가을) | 하얼빈 | 마이애미 |
|---|---|---|
|  |  |  |
| 비옷 | 코트, 털모자, 장갑 | 선글라스, 선크림, 수영복, 모자 |

보기

가 : 제주도 여행 어땠어요?

나 : 여기 저기를 많이 구경했어요.

가 : 여행하는 동안 날씨는 좋았어요?

나 : 가끔 바람도 불고 비도 왔지만 괜찮았어요.

가 : 제주도는 가을에도 비가 와요?

나 : 네, 제주도는 날씨가 자주 변해서 비옷을 가지고 가야 해요.

## 03 고향에도 사계절이 있어요? 이야기해 봅시다.

EN Are there four seasons in your hometown? Let's talk. JP 故郷にも四季がありますか？話してみましょう。
CH 你家乡也有四季吗？一起说一说。

| 질문 | 에리코 | 친구1 | 친구2 | 친구3 |
|---|---|---|---|---|
| 고향에는 무슨 계절이 있어요? | 사계절 | | | |
| 날씨가 어때요? | 여름에<br>습도가 높다 | | | |
| 그 계절에 뭐가 필요해요? 왜요? | 땀이 나다<br>손수건 | | | |

보기

가 : 에리코 씨, 일본에는 무슨 계절이 있어요?

나 : 봄, 여름, 가을, 겨울, 사계절이 있어요.

가 : 날씨가 어때요?

나 : 일본은 여름에 습도가 아주 높아요.

가 : 여름에 일본에 여행가면 뭐가 필요해요?

가 : 땀이 많이 나서 손수건이 있어야 해요.

## 정리해 봅시다

EN Let's review. JP まとめ。 CH 整理一下。

**어느 계절에 여행을 갈 거예요? 여행을 가서 무엇을 할 거예요? 여행갈 때 무엇이 필요합니까? 이야기해 보십시오.**

EN In which season do you want to go on a trip? What are you going to do on a trip? What do you need when you go on a trip? Talk about it.
JP どの季節に旅行しますか？旅行に行って何をしますか？旅行に行くとき何が必要ですか？（上でインタビューした内容を発表する。）話してみてください。
CH 你会在哪个季节去旅行？ 去旅行的话会做些什么？ 去旅行的时候都需要什么？ 一起说一说。

# 04 스키를 타러 갑시다

**학/습/목/표** 계절 활동에 대해서 말할 수 있다.

EN Objective To be able to talk about seasonal activities.
JP 学習目標 季節の活動について話すことが出来る。
CH 学习目标 会说与季节相关的活动。

## 준비해 봅시다

EN Let's prepare. JP 準備しましょう。 CH 准备一下。 36

듣고 맞는 그림을 고르십시오.

EN Listen and Choose the right picture. JP 会話を聴いて内容に合う絵を選んでください。 CH 听对话并选出正确的图片。

❶

□

❷

□

## 이야기해 봅시다

EN Let's talk. JP 話してみましょう。 CH 请说一说。

**표현**

EN Expressions
JP 表現
CH 表达方式

–을 때, –을까요?[2]/ –을 거예요[2]

**어휘**

EN Vocabulary
JP 語彙
CH 词汇

안전장치, 넘어지다, 눈싸움을 하다, 스노보드를 타다, 학생 할인을 하다

EN a safety device, to fall, to have a snowball fight, to go snowboarding, to give a student discount
JP 安全装置、転ぶ、雪合戦をする、スノーボードをする、学生割引をする
CH 安全装置、摔倒、打雪仗、玩儿滑板、学生打折

## 01 연습해 봅시다.

EN Let's practice. JP 練習してみましょう。 CH 练习一下。

1. 친구와 무엇을 같이 하고 싶습니까? 이야기해 봅시다.

EN What activity do you want to do with your friend? Let's talk. JP 友達と何を一緒にしたいですか？話してみましょう。
CH 你想和朋友一起做什么？ 一起说一说。

배우기 어렵다
스키보다 쉽다

비싸다
학생 할인을 하다

복잡하다
주말이 아니다

위험하다
안전장치가 있다

무섭다
높지 않다

**보기**

가 : 스노보드를 타러 갑시다.
나 : 배우기 어렵지 않을까요?
가 : 스키보다 쉬우니까 잘 할 수 있을 거예요.

2. 무엇을 조심해야 합니까? 이야기해 봅시다.

EN What do you need to be cautious about? Let's talk. JP 何に注意しなければなりませんか？ 話してみましょう。
CH 需要小心什么？ 一起说一说。

너무 빨리 내려가다

앞으로 넘어지다

장갑을 끼지 않다

수영 모자를 쓰지 않다

보기

가 : 스노보드 탈 때 뭘 조심해야 해요?

나 : 사람이 많은 곳에서 타지 마세요.

## 02 〈보기〉와 같이 대화를 완성해 봅시다.

EN Let's complete the conversation as it is shown in <보기>. JP <例>と同じように会話を完成させましょう。 CH 仿照<例句>完成对话。

보기

가 : 눈이 많이 오는데요.

나 : 내일 스키를 타러 갑시다.

가 : 비싸지 않을까요?

나 : 학생이니까 할인해 줄 거예요.

가 : 스키 탈 때 뭘 조심해야 해요?

나 : 넘어질 때 앞으로 넘어지면 안돼요.

## 03 그 계절에 무엇을 할 수 있습니까? 이야기 해 봅시다.

EN What can you do in such season? Let's talk. JP その季節には何をすることが出来ますか？話してみましょう。
CH 那个季节可以做什么？ 一起说一说。

| 질문 | 미선 | 친구1 | 친구2 | 친구3 |
|---|---|---|---|---|
| 1. 어느 계절을 좋아해요? | 겨울 | | | |
| 2. 그 계절에 뭘 할 수 있어요? | 스키, 스노보드 | | | |
| 3. 누구하고 같이 가요? 같이 해요? | 친구들 | | | |
| 4. 그것을 하면 무엇이 좋아요? | 시원하다<br>아름다운 경치를<br>볼 수 있다 | | | |
| 5. 무엇을 조심해야 해요? | 넘어질때<br>앞으로 넘어지면<br>안 되다 | | | |
| | | | | |

보기

가 : 미선 씨, 어느 계절을 좋아해요?

나 : 저는 겨울이 좋아요.

가 : 겨울요? 겨울에는 뭘 할 수 있어요?

나 : 스키도 탈 수 있고 스노보드도 탈 수 있어요. 친구나 가족과 같이 타요

가 : 스키를 타면 무엇이 좋아요?

나 : 시원하고, 아름다운 겨울 경치를 볼 수 있어서 좋아요.

가 : 스키를 탈 때 뭘 조심해야 해요?

나 : 넘어질 때 앞으로 넘어지면 안 돼요. 크게 다칠 수 있어요.

## 정리해 봅시다

EN Let's review. JP まとめ。 CH 整理一下。

친구는 어느 계절을 좋아합니까? 그 계절에는 무엇을 합니까? 이야기해 보십시오.

EN Which of the seasons does your friend like? What does your friend do during that season? Talk about it.
JP 友達はどの季節が好きですか？その季節には何をしますか？話してみてください。
CH 朋友喜欢哪个季节？ 那个季节你做什么？ 一起说一说。

제 친구는 겨울을 좋아해요. 겨울에는 스키도 타고 스노보드도 탈 수 있어요. 겨울 방학을 하면 가족과 함께 스키장에 가요. 스키를 타면 기분이 좋아요. 시원하고, 아름다운 겨울 경치를 볼 수 있어서 좋아요.

# 제 10 과

## 음식

01 삼계탕은 건강에 좋아요

02 뭘 드시겠습니까?

03 제 고향에도 비슷한 음식이 있어요

04 국물부터 먹어요

MP3_10

# 01 삼계탕은 건강에 좋아요

**학/습/목/표** 음식을 소개할 수 있다.

EN Objective To be able to introduce a dish.
JP 学習目標 食べ物を紹介することが出来る。
CH 学习目标 会介绍食物。

## 준비해 봅시다

EN Let's prepare. JP 準備しましょう。 CH 准备一下。 37

**이 음식은 어느 계절에 많이 먹습니까? 듣고 맞는 그림을 고르십시오.**

EN In which season do people eat this food a lot? Listen and choose the right picture.
JP この食べ物はどの季節によく食べますか？会話を聴いて内容に合う絵を選んでください。 CH 这种食物哪个季节最常吃？听对话并选择正确的图片。

①

☐

②

☐

## 이야기해 봅시다

EN Let's talk. JP 話してみましょう。 CH 请说一说。

**표현**

EN Expressions
JP 表現
CH 表达方式

으로[2], -는데[4]

**어휘**

EN Vocabulary
JP 語彙
CH 词汇

고추장, 국물, 김치볶음밥, 냉면, 닭고기, 돼지고기, 떡국, 방법, 비빔밥, 삼계탕, 순두부찌개, 스파게티, 자장면, 재료, 참기름, 초밥, 카레라이스, 탕수육, 넣다, 볶다, 달다, 맵다, 시다, 싱겁다, 쓰다, 짜다, 제일

EN a redpepper paste, a soup, kimchi fried rice, naengmyeon, chicken, pork, tteokguk, a method, bibimbap, samgyetang, soft tofu stew, spaghetti, jajangmyoen, ingredients, sesame oil, chobap, curry rice, sweet and sour pork, to put in, to stir-fry, to be sweet, to be spicy, to be sour, to be not salty enough, to be bitter, to be salty, the most

JP コチュジャンキムチポックンパプ(キムチ炒め)、冷麺、鶏肉、豚肉、トックッ、方法、ビビンパ、サムゲタン、スンドゥブチゲ、スパゲッティ、チャジャン麺、材料、ゴマ油、すし、カレーライス、酢豚、入れる、炒める、甘い、辛い、すっぱい、水っぽい、苦い、しょっぱい、一番

CH 辣椒酱，汤，泡菜炒饭，冷面，鸡肉，猪肉，年糕汤，方法，拌饭，参鸡汤，软豆腐汤，意大利面，炸酱面，材料，芝麻油，寿司，咖喱饭，糖醋肉，放，炒，甜，辣，酸，淡，苦，咸，最

## 01 연습해 봅시다.

EN Let's practice. JP 練習してみましょう。 CH 练习一下。

### 1. 무슨 음식을 좋아합니까? 이야기해 봅시다.

EN What food do you like? Let's talk. JP 食べ物では何が好きですか？話してみましょう。 CH 你喜欢什么食物？一起说一说。

김치볶음밥

냉면

자장면

떡국

초밥

비빔밥

보기

가 : 무슨 음식을 좋아하세요?

나 : 저는 김치볶음밥을 자주 먹어요.

### 2. 어떤 음식입니까? 이야기해 봅시다.

EN What kind of food is it? Let's talk. JP どんな食べ物ですか？話してみましょう。 CH 这个食物怎么样？一起说一说。

| 김치볶음밥 | 냉면 | 자장면 |
|---|---|---|
| 밥과 김치를 볶아서 만들다 | 여름에 많이 먹다 | 중국에서 오다 |
| 조금 맵다 | 맵지 않고 시원하다 | 아이들이 좋아하다 |

| 떡국 | 초밥 | 비빔밥 |
|---|---|---|
| 고기 국물에 떡을 넣어서 만들다 | 일본 음식이다 | 여러 가지 채소가 들어가다 |
| 겨울에 많이 먹다 | 밥과 생선으로 만들다 | 고추장과 참기름을 넣어서 먹다 |

보기

가 : 김치볶음밥은 어떤 음식이에요?

나 : 밥과 김치를 볶아서 만드는데 조금 매워요.

## 02 〈보기〉와 같이 대화를 완성해 봅시다.

EN Let's complete the conversation as it is shown in <보기>. JP ＜例＞と同じように会話を完成させてみましょう。 CH 仿照＜例句＞完成对话。

|  |  |  |  |
|---|---|---|---|
| 탕수육 | 순두부찌개 | 스파게티 | 카레라이스 |

보기

가 : 리에 씨, 무슨 음식을 좋아 하세요?

나 : 저는 탕수육을 자주 먹어요

가 : 탕수육은 어떤 음식이에요?

나 : 돼지고기로 만든 음식인데 달고 맛있어요.

가 : 그래요? 맛있을 것 같아요.

## 03 친구들에게 좋아하는 음식을 물어봅시다.

EN Let's ask friends what food they like. JP 友達ちに好きな食べ物を聞いてみましょう。 CH 问问朋友们喜欢什么食物。

| | 안나 | 친구1 | 친구2 | 친구3 |
|---|---|---|---|---|
| 음식 이름 | 일본 음식/초밥 | | | |
| 음식 재료/만드는 방법/음식 맛…… | 생선과 밥으로 만들다 | | | |
| 만들 수 있다/없다 | 만들 수 없다 | | | |

보기

가 : 안나 씨는 어느 나라 음식을 좋아해요?
나 : 저는 일본 음식을 좋아해요.
가 : 일본 음식 중에서 뭘 제일 좋아해요?
나 : 초밥을 제일 좋아해요.
가 : 초밥은 어떤 음식이에요?
나 : 생선과 밥으로 만드는데 아주 맛있어요.
가 : 초밥을 만들 수 있어요?
나 : 아니요, 못 만들어요.

## 정리해 봅시다

EN Let's review. JP まとめ。 CH 整理一下。

**무슨 음식을 좋아합니까? 이야기해 보십시오.**

EN What kind of food do you like? Talk about it. JP なんの食べ物が好きですか？話してみてください。 CH 你喜欢什么食物? 一起说一说。

# 02 뭘 드시겠습니까?

**학/습/목/표** 음식을 선택하고 권할 수 있다.

EN Objective To be able to pick out a dish and make a recommendation.
JP 学習目標 食べ物を選択し進めることが出来る。
CH 学习目标 会选择食物及推荐食物。

## 준비해 봅시다

EN Let's prepare. JP 準備しましょう。 CH 准备一下。 38

두 사람은 무슨 음식을 먹을까요 ? 듣고 맞는 그림을 고르십시오.

EN What will the two people eat? Listen and choose the right picture. JP 二人は何を食べますか？会話を聴いて内容に合う絵を選んでください。
CH 两个人会吃什么食物呢？ 听对话并选择正确的图片。

❶

순두부찌개

☐

❷

된장찌개

☐

## 이야기해 봅시다

EN Let's talk. JP 話してみましょう。 CH 请说一说。

**표현**

EN Expressions
JP 表現
CH 表达方式

-겠-[1], -어 보다

**어휘**

EN Vocabulary
JP 語彙
CH 词汇

김치찌개, 닭갈비, 떡볶이, 막걸리, 삼겹살, 설렁탕, 스테이크, 잡채, 칼국수, 파전, 꼭

EN Kimchi stew, dakgalbi, tteokbokki, makgeolli, pork belly, seollongtang, steak, japchae, kalguksu, pajeon, without fail
JP キムチチゲ、タッカルビ、トッポキ、マッコリ、サムギョプサル、ソルロンタン、ステーキ、チャプチェ、カルグクス、パジョン、必ず
CH 泡菜汤, 鸡肋, 炒年糕, 马格丽酒, 五花肉, 牛杂碎汤, 牛排, 杂菜, 刀削面, 葱饼, 一定

## 01 연습해 봅시다.

EN Let's practice. JP 練習してみましょう。 CH 练习一下。

### 1. 뭘 드시겠습니까? 이야기해 봅시다.

EN What would you eat? Let's talk. JP 何を召し上がりますか？話してみましょう。 CH 您要吃点什么？ 一起说一说。

여기는 뭐가 맛있어요? / 여기 _는 어때요? / 여기 _는 맛있어요? / 안 매운 게 뭐예요? / 맛있는 것 좀 추천해 주세요. / _를 먹겠습니다.

**보기**

가 : 뭘 잡수시겠습니까?

나 : 여기 불고기는 어때요?

### 2. 무슨 음식을 먹어 봤습니까? 이야기해 봅시다.

EN What food have you eaten? Let's talk. JP どんな食べ物を食べてみましたか？話してみましょう。 CH 你吃过什么食物？ 一起说一说。

잡채

설렁탕

칼국수

파전

떡볶이

막걸리

보기

가 : 잡채를 먹어 봤어요?

나 : 아니요, 아직 못 먹어봤어요.

## 02 〈보기〉와 같이 대화를 완성해 봅시다.

EN Let's complete the conversation as it is shown in <보기>. JP 〈例〉と同じように会話を完成させてみましょう。 CH 仿照〈例句〉完成对话。

물냉면

스테이크

자장면

닭갈비

보기

가 : 뭘 드시겠습니까?

나 : 여기는 뭐가 맛있어요?

가 : 물냉면을 먹어 봤습니까?

나 : 아니요, 안 먹어 봤어요.

가 : 물냉면이 맵지 않고 맛있으니까 한 번 먹어 보세요.

나 : 그럼 저는 물냉면을 먹겠습니다.

## 03 무엇을 먹어 봤습니까? 친구들에게 물어 봅시다.

EN Let's ask friends what food they have eaten. JP 何を食べてみましたか？友達に尋ねてみましょう。 CH 吃过什么？ 问一问朋友们。

| | 된장찌개를 먹다 | 막걸리를 마시다 | 닭갈비를 먹다 | 인삼차를 마시다 |
|---|---|---|---|---|
| 웨이 | ○ | × | ○ | ○ |
| 친구1 | | | | |
| 친구2 | | | | |
| 친구3 | | | | |

보기

가 : 웨이 씨, 된장찌개를 먹어 봤어요?

나 : 네, 먹어 봤는데 좀 짜지만 맛있었어요. 리에 씨도 먹어 보세요.

가 : 그럼 막걸리를 마셔 봤어요?

나 : 아니요, 마셔 보지 못했어요. 20살이 되면 마시겠어요.

가 : 닭갈비는 먹어 봤어요?

나 : 네, 먹어 봤어요. 아주 매웠어요.

가 : 인삼차도 마셔 봤어요?

나 : 네, 조금 썼지만 괜찮았어요.

가 : 한국음식 중에서 제일 맛있는 음식이 뭐였어요?

나 : 저는 삼겹살이 제일 맛있었어요. 리에 씨도 꼭 먹어 보세요.

## 정리해 봅시다

EN Let's review. JP まとめ。 CH 整理一下。

### 한국에서 먹어 본 음식에 대해서 이야기해 보십시오.

EN Talk about the food you have eaten in Korea. JP 韓国で食べた食べ物について話してみてください。
CH 说一说你在韩国吃过的食物。

저는 한국에서 불고기를 먹어 봤습니다. 조금 달고 짜지만 맛이 있었어요. 김치찌개도 먹어 봤습니다. 처음에는 매워서 잘 먹지 못했지만 지금은 잘 먹을 수 있어요. 여러분도 드셔 보세요.

# 03 제 고향에도 비슷한 음식이 있어요

학/습/목/표 음식을 비교해서 말할 수 있다.

EN Objective To be able to make a comparison of dishes.
JP 学習目標 食べ物を比較して言うことが出来る。
CH 学习目标 会对食物进行比较。

## 준비해 봅시다

EN Let's prepare. JP 準備しましょう。 CH 准备一下。 39

듣고 맞는 그림을 고르십시오.

EN Listen and choose the right picture. JP 会話を聴いて内容に合う絵を選んでください。 CH 听对话并选择正确的图片。

❶

☐

❷

☐

## 이야기해 봅시다

EN Let's talk. JP 話してみましょう。 CH 请说一说。

**표현**

EN Expressions
JP 表現
CH 表达方式

-은 적이 있다, 이든지

**어휘**

EN Vocabulary
JP 語彙
CH 词汇

불고기, 해장국, 놓다, 손에 들다, 비슷하다

EN bulgogi, haejangguk, to put on, to hold with hands, to be similar
JP プルコギ、ヘジャンクッ、置く、手に持つ、似ている
CH 烤肉, 醒酒汤, 放下, 提在手里, 相似

## 01 연습해 봅시다.

EN Let's practice. JP 練習してみましょう。 CH 练习一下。

1. 먹은 적이 있습니까? 이야기해 봅시다.

EN Have you had the following foods? Let's talk. JP 食べたことがありますか？話してみましょう。 CH 吃过吗？一起说一说。

| | 제리 씨 | 에리코 씨 |
|---|---|---|
| 닭갈비 | ○ | ○ |
| 삼계탕 | ○ | ○ |
| 비빔밥 | × | ○ |
| 해장국 | ○ | × |
| 불고기 | × | × |

보기

가 : 제리 씨가 닭갈비를 먹은 적이 있어요?

나 : 네, 먹은 적이 있어요.

2. 고향에 한국음식과 비슷한 음식이 있습니까? 무엇이 비슷합니까? 무엇이 다릅니까? 이야기해 봅시다.

EN Is there any food similar with Korean food in your hometown? How are they similar? How are they different? Let's talk.
JP 故郷に韓国の食べ物と似た食べ物はありますか？何が似ていますか？何が違いますか？話してみましょう。
CH 你老家有何韩国食物相似的食物吗？什么相似？什么不同？一起说一说。

보기

가 : 고향에 비빔밥과 비슷한 음식이 있어요?

나 : 네, 있어요. 볶음밥에 여러 야채를 넣는 건 비슷한데 맛이 달라요.

## 02 〈보기〉와 같이 대화를 완성해 봅시다.

EN Let's complete the conversation as it is shown in <보기>. JP 〈例〉と同じように会話を完成させましょう。 CH 仿照〈例句〉完成对话。

갈비

칼국수

파전

**보기**

가 : 고기 요리 좋아하세요?

나 : 저는 뭐든지 잘 먹어요.

가 : 갈비를 드신 적이 있어요?

나 : 네, 먹은 적이 있어요.

가 : 고향에 갈비하고 비슷한 음식이 있어요?

나 : 네, 있어요. 야끼니꾸가 갈비하고 비슷해요.
불고기보다 싱거워요.

## 03 친구의 고향에 한국 음식과 비슷한 음식이 있어요? 이야기해 봅시다.

EN Are there any food similar with Korean food in your friends' hometown? Let's talk.
JP 友達の故郷に韓国の食べ物と似た食べ物がありますか？話してみましょう。 CH 朋友的家乡有和韩国食物类似的食物吗？ 一起说一说。

(친구의 고향 음식 중에 한국 음식과 비슷한 음식이 있는지 묻고 그에 대한 정보를 비교해 보는 인터뷰한다.)

EN (Interview friends if they have any food similar with Korean food in their hometown and let them compare the two foods.)
JP (友達の故郷の食べ物の中に韓国の食べ物と似たものがあるか聞き、それについての情報を比較してみるインタビューをする。)
CH (问问朋友家乡是不是有和韩国食物类似的食物，并比较这些信息。以此为内容进行采访。)

| | 사에 | 친구1 | 친구2 | 친구3 |
|---|---|---|---|---|
| 고향 | 일본 | | | |
| 한국 음식과 비슷한 고향 음식 이름 | 낫토 | | | |
| 비슷한 점 | 모양, 맛 | | | |
| 음식의 맛이나 특성 | 된장보다 싱겁다 | | | |
| | | | | |

보기

가 : 사에 씨, 고향이 어디예요?

나 : 일본이에요.

가 : 한국 음식과 비슷한 고향 음식이 있어요?

나 : 낫토가 비슷해요.

가 : 어떤 음식이에요?

나 : 한국의 청국장과 모양과 맛이 비슷해요. 된장보다 싱거워요.

## 정리해 봅시다

EN Let's review. JP まとめ。 CH 整理一下。

### 한국 음식과 비슷한 고향 음식이 있습니까? 이야기해 보십시오.

EN Is there any food similar with Korean food in your friend's hometown? JP 韓国の食べ物と似た故郷の食べ物はありますか？
CH 朋友的家乡有和韩国食物类似的食物吗?

(인터뷰한 내용을 가지고 친구 고향 음식에 대해 발표한다.)

EN (Make a presentation about foods of the friends' hometown based on the above interview.)
JP (4でインタビューした内容を基に友達の故郷の食べ物について発表する。)
CH (用采访的内容，对朋友家乡的食物进行发言。)

# 04 국물부터 먹어요

**학/습/목/표** 식사 예절을 말할 수 있다.

EN Objective To be able to talk about table manners.
JP 学習目標 食事作法を話すことが出来る。
CH 学习目标 会说饮食礼仪。

## 준비해 봅시다

EN Let's prepare. JP 準備しましょう。 CH 准备一下。 40

듣고 맞는 그림을 고르십시오.

EN Listen and choose the right picture. JP 会話を聴いて内容に合う絵を選んでください。 CH 听对话并选择正确的图片。

❶

☐

❷

☐

## 이야기해 봅시다

EN Let's talk. JP 話してみましょう。 CH 请说一说。

**표현**

EN Expressions
JP 表現
CH 表达方式

–으려고, –겠–[2], –부터

**어휘**

EN Vocabulary
JP 語彙
CH 词汇

건더기, 국물, 수저, 수프, 숟가락, 젓가락, 들다, 떠먹다, 상을 차리다, 소리를 내다, 식히다, 뜨겁다

EN ingredients, soup, a spoon and chopsticks, a spoon, chopsticks, to hold, to eat soup, to set the table, to make a noise, to cool, to be hot
JP 具、汁、箸とスプーン、スープ、スプーン、箸、持つ、すくって飲む、食膳を整える、声を出す、冷ます、熱い
CH 汤料, 汤, 勺子和筷子, 汤, 勺子, 筷子, 提, 舀着吃, 摆桌子, 出声音, 冷却, 烫

## 01 연습해 봅시다.

EN Let's practice. JP 練習してみましょう。 CH 练习一下。

1. 왜 합니까? 이야기해 봅시다.

EN Why are the people in the picture doing following activities? Let's talk. JP なぜしますか？話してみましょう。 CH 为什么做? 一起说一说。

**보기**

가 : 왜 김밥을 사요?

나 : 친구에게 주려고 김밥을 사요.

2. 어떤 식사 예절이 있습니까? 이야기해 봅시다.

EN Let's talk about following table manners. JP どんな食事作法がありますか？ 話してみましょう。 CH 有什么样的用餐礼节? 一起说一说。

( × )

( ○ )

> **보기**
>
> 가 : 숟가락과 젓가락을 같이 써도 돼요?
>
> 나 : 아니요, 같이 쓰면 안 돼요. 따로 따로 써야 해요.

( ○ )

( × )

( ○ )

( × )

( ○ )

( × )

( × )

( ○ )

( × )

( ○ )

( ○ )

( × )

## 02 〈보기〉와 같이 대화를 완성해 봅시다.

EN Let's complete the conversation as it is shown in <보기>. JP 〈例〉と同じように会話を完成させましょう。 CH 仿照〈例句〉完成对话。

> **보기**
>
> 가 : 왜 안 드세요?
>
> 나 : 선생님이 오시면 먹으려고 기다렸어요.
>
> 가 : 배가 많이 고프겠어요. 자, 듭시다.
>
> 나 : 한국 사람들은 식사할 때 뭐부터 먹어요?
>
> 가 : 보통 국이나 찌개 국물부터 먹고 다음에 밥을 먹어요.
>
> 나 : 아, 그래서 상을 차릴 때 항상 숟가락도 같이 놓는군요.

## 03 고향에 어떤 식사 예절이 있습니까? 이야기해 봅시다.

EN What table manners do you have in your hometown? Let's talk. JP 故郷にはどんな食事作法がありますか？話してみましょう。
CH 你的家乡有什么样的饮食礼仪？一起说一说。

| | 제임스 | 친구1 | 친구2 | 친구3 |
|---|---|---|---|---|
| 식사 순서 | 수프부터 | | | |
| 수저 사용 방법 | 숟가락/ 안에서 밖으로 떠 먹다 | | | |
| 맛있게 먹는 방법 | 소리 내지 않고 식혀서 먹다 | | | |
| | | | | |

보기

가 : 제임스 씨, 고향 음식을 먹을 때 뭐부터 먹어요?
나 : 수프부터 먹어요.
가 : 수프는 무엇으로 먹어요?
나 : 숟가락으로 먹어요. 프랑스에서는 안에서 밖으로 떠 먹어요.
가 : 수프를 먹을 때 소리를 내도 돼요?
나 : 소리를 내면 안 돼요. 뜨거우면 식혀서 드세요.

## 정리해 봅시다

EN Let's review. JP まとめ。 CH 整理一下。

### 고향에 어떤 식사 예절이 있습니까? 이야기해 보십시오.

EN What table manners do you have in your hometown? Talk about it. JP 故郷にはどんな食事作法がありますか？ 話してみてください。
CH 你的家乡有什么样的饮食礼仪？请说一说。

제 고향은 일본이에요.
제 고향에서는 보통 젓가락으로 음식을 먹어요.
밥그릇은 식탁에 놓지 않고 손에 들고 먹어요.
식사할 때 입 안에 음식을 넣고 말하면 안 돼요.

# 부록

# 01 듣기 지문

## 제1과 인사와 소개

01 01 처음 뵙겠습니다

남자 : 처음 뵙겠습니다.
남자 : 만나서 반갑습니다.

02 02 저는 한국사람입니다

남자 : 안녕하십니까? 저는 웨이입니다.
여자 : 한국 사람입니까?
남자 : 아니요, 중국 사람입니다.

03 03 제 책입니다

여자 : 무엇입니까?
남자 : 책입니다.
여자 : 웨이 씨 책입니까?
남자 : 아니요. 제 책이 아닙니다. 정희 씨 책입니다.

04 04 저는 잘 웃습니다

안녕하십니까?
저는 에리코입니다.
저는 잘 웃습니다.
친구가 많습니다.

## 제2과 학교

05 01 지도는 없습니다

여자 : 책상이 있습니까?
남자 : 네, 있습니다.
여자 : 지도도 있습니까?
남자 : 아니요, 지도는 없습니다.

06 02 식당이 어디에 있습니까?

여자 : 정희 씨가 어디에 있습니까?
남자 : 식당에 있습니다.
여자 : 식당은 어디에 있습니까?
남자 : 문구점 앞에 있습니다.

07 03 도서관에서 공부를 합니다

남자 : 도서관에서 무엇을 합니까?
여자 : 공부를 합니다.
남자 : 도서관이 어떻습니까?
여자 : 크고 조용합니다.

### 04 무엇을 하고싶습니까?

08
남자 : 자전거를 타고 싶습니다.
여자 : 그럼, 공원에서 타십시오.
남자 : 공원이 어디에 있습니까?
여자 : 학교 근처에 있습니다.

## 제3과 친구와 가족

### 01 무슨 사진입니까?

09
남자 : 무슨 사진입니까?
여자 : 친구 생일 파티 사진이에요.
남자 : 친구가 귀엽습니다. 반 친구입니까?
여자 : 아니요, 기숙사 친구입니다.

### 02 경제학을 공부하고 싶어합니다

10
여자 : 친구가 어느 나라 사람입니까?
남자 : 말레이시아에서 왔습니다.
여자 : 친구가 무엇을 공부하고 싶어합니까?
남자 : 경제학을 공부하고 싶어합니다.

### 03 이분이 아버지이십니까?

11
남자 : 이 분이 아버지이십니까?
여자 : 네, 아버지이십니다.
남자 : 아버지께서 무엇을 하십니까?
여자 : 회사에 다니십니다.

### 04 바빠서 가끔 전화합니다

12
남자 : 가족이 몇 명입니까?
여자 : 어머니하고 아버지, 그리고 저, 모두 세 명입니다.
남자 : 부모님께 자주 이메일을 보냅니까?
여자 : 바빠서 가끔 보냅니다.

## 제4과 일상생활

### 01 날마다 학교에 갑니다

13
여자 : 날마다 무엇을 합니까?
남자 : 한국어를 배웁니다.
여자 : 몇 시부터 몇 시까지 배웁니까?
남자 : 오전 9시부터 오후 1시까지 배웁니다.

### 02 수요일에 운동을 합니다

14
여자 : 보통 수요일에 무엇을 합니까?
남자 : 점심을 먹고 수영장에 갑니다.
여자 : 오늘도 갑니까?
남자 : 아니요, 추워서 가지 않습니다.

### 03 주말에 무엇을 했습니까?

15
여자 : 지난 주말에 무엇을 했습니까?
남자 : 극장에 가서 영화를 봤습니다.
여자 : 영화가 어땠습니까?
남자 : 재미있었습니다.

### 04 같이 갑시다

16
여자 : 이번 주말에 뭐 할 거예요?
남자 : 설악산에 갈 거예요.
여자 : 같이 갈까요?
남자 : 네, 그럽시다.

## 제5과 학교 시설

### 01 서점에 가요

17
여자 : 어디에 가세요?
남자 : 사전을 사러 서점에 가요.
여자 : 무슨 사전을 살 거예요?
남자 : 영한사전을 사고 싶어요.

### 02 얼마예요?

18
남자 : 이 공책 얼마예요?
여자 : 한 권에 1,500원입니다.
남자 : 세 권 주세요.
여자 : 네, 여기 있습니다.

### 03 맵지 않아요?

19
남자 : 냉면 맛있어요?
여자 : 네, 맛있어요.
남자 : 좀 맵지 않아요?
여자 : 비빔냉면은 매우니까 물냉면을 드세요.

### 04 저기 높은 건물이에요

20
여자 : 국제관이 어디에 있어요?
남자 : 저기 높은 건물이 국제관입니다.
여자 : 한국어학당 사무실이 몇 층에 있어요?
남자 : 1층 101호예요.

## 제6과 학교생활

### 01 수업이 재미있지요?

21
남자 : 어디에 가세요?
여자 : 한국어 수업을 들으러 가요.
남자 : 한국어 수업이 어렵지요?
여자 : 어렵지만 재미있어요.

### 02 방학에 여행을 많이 했어요?

22
남자 : 방학에 뭐 했어요?
여자 : 고향에 가서 부모님과 친구들을 만났어요.
남자 : 여행도 많이 했어요?
여자 : 아니요, 바빠서 여행은 하지 못했어요.

### 03 기숙사가 하숙집보다 더 좋아요

23
남자1 : 기숙사 방이 넓은데 한 달에 얼마예요?
남자2 : 이 방은 한 달에 40만원이에요.
남자1 : 우리 하숙집보다 좋아요.
남자2 : 네, 편의시설이 많아서 참 편해요

### 04 편의점에서 식사도 해요?

24
여자 : 배가 조금 고픈데요.
남자 : 그럼, 편의점에 갈까요?
여자 : 편의점에서 식사도 해요?
남자 : 네, 저는 가끔 컵라면이나 김밥을 먹어요.

## 제7과 교통

### 01 이 근처에 백화점이 있어요?

25
여자 : 이 근처에 백화점이 있어요?
남자 : 네, 현대 백화점이 있어요.
여자 : 여기에서 멀어요?
남자 : 100m쯤 가면 오른쪽에 있어요.

### 02 버스가 빨라요

26
여자 : 여기에서 신촌캠퍼스까지 얼마나 걸려요?
남자 : 한 시간쯤 걸립니다.
여자 : 버스가 빨라요? 지하철이 빨라요?
남자 : 지하철이 버스보다 빠른 것 같아요.

### 03 뭘 탈까요?

27
남자 : 늦었는데 택시를 탈까요?
여자 : 네, 그럽시다.
남자 : 여기는 택시가 안 와요.
여자 : 저쪽으로 가서 기다립시다.

### 04 그 길로 가지 마세요

28
여자 : 연세대학교 국제캠퍼스로 가 주세요.
남자 : 순환 도로로 갈까요?
여자 : 그 길은 좀 도는 것 같아요.
남자 : 이 시간에는 그 길이 빨라요.

## 제8과 전화

### 01 전화번호가 몇번이에요?

29

남자 : 우리 시험이 끝난 후에 영화 보러 갈까요?
여자 : 미안하지만 전 아르바이트가 있어서 좀 바쁜데요.
남자 : 그럼, 휴대 전화 번호 좀 가르쳐 주세요.
여자 : 제 번호는 010-2134-8765예요.

### 02 내일 송별회를 하려고 해요

30

여자1 : 여보세요, 정희 씨 집이지요?
여자2 : 네, 제가 정희인데요. 누구세요?
여자1 : 정희 씨, 저 밍밍이에요.
여자2 : 안녕하세요? 밍밍 씨. 그런데 무슨 일이에요?
여자1 : 마이클 씨가 고향에 돌아가기 전에 송별회를 하려고 해요.

### 03 제가 다시 전화 할게요

31

남자 : 여보세요, 김정희 선생님이세요?
여자 : 네, 전데요, 누구세요?
남자 : 저 웨이예요. 선생님, 지금 전화 받으실 수 있어요?
여자 : 웨이 씨, 지금 지하철 안이에요. 제가 내려서 전화할게요.

### 04 웨이 씨 좀 바꿔 주세요

32

여자 : 죄송하지만 정우 씨 좀 바꿔 주세요.
남자1 : 잠깐만 기다리세요.
………
남자2 : 네, 전화 바꿨습니다.
여자 : 정우 씨, 저 마리아예요. 뭐 하고 있어요?
남자2 : 숙제하고 있어요.

## 제9과 날씨와 계절

### 01 눈이 그쳤어요?

33

여자 : 눈이 정말 많이 와요.
남자 : 눈이 오니까 경치가 좋군요.
여자 : 우리 지금 밖에 나가면 안 돼요?
남자 : 안돼요, 너무 추워서 감기에 걸려요.

### 02 한국은 선선한데요

34

여자 : 우리나라는 요즘 좀 더운데 한국은 선선한데요.
남자 : 어떤 날씨를 좋아하세요?
여자 : 저는 선선한 날씨를 좋아해요.
남자 : 저도 선선한 날씨가 좋아요.

### 03 가을에도 비가 자주 와요?

35

여자 : 여행 어땠어요?
남자 : 등산하는 동안 비가 좀 왔지만 재미있었어요.
여자 : 제주도는 가을에도 비가 자주 와요?
남자 : 네, 제주도는 날씨가 자주 변해서 비옷을 가지고 가야 해요.

### 04 스키를 타러 갑시다

36
여자 : 눈이 오는데요.
남자 : 시간이 있을 때 스키를 타러 갑시다.
여자 : 스키장이 복잡하지 않을까요?
남자 : 주중에 가면 사람이 많지 않을 거예요.

## 제10과 음식

### 01 삼계탕은 건강에 좋아요

37
여자 : 무슨 음식을 좋아하세요?
남자 : 저는 삼계탕을 좋아해요.
여자 : 삼계탕은 어떤 음식이에요?
남자 : 여름에 많이 먹는 음식인데 건강에 좋아요.

### 02 뭘 드시겠습니까?

38
남자 : 뭘 드시겠습니까?
여자 : 이 식당은 무슨 음식이 맛있어요?
남자 : 순두부찌개를 먹어 봤습니까?
여자 : 아니요, 먹어 보지 못했어요.

### 03 제 고향에도 비슷한 음식이 있어요

39
여자 : 매운 음식을 잘 드세요?
남자 : 네, 저는 뭐든지 잘 먹어요.
여자 : 육개장을 드신 적이 있어요?
남자 : 네, 제 고향에도 비슷한 음식이 있어요.

### 04 국물부터 먹어요

40
남자 : 같이 먹으려고 김치찌개 3인분을 시켰어요.
여자 : 마이클 씨는 찌개가 좀 맵겠어요.
남자 : 밥부터 먹어요? 찌개 국물부터 먹어요?
여자 : 저는 국물을 조금 먹고 다음에 밥을 먹어요.

## 02 모범 답안

### 제1과 인사와 소개

01 _ 【준비해 봅시다】 ❷
02 _ 【준비해 봅시다】 ❶
03 _ 【준비해 봅시다】 ❷
04 _ 【준비해 봅시다】 ❶

### 제2과 학교

01 _ 【준비해 봅시다】 ❶
02 _ 【준비해 봅시다】 ❶
03 _ 【준비해 봅시다】 ❶
04 _ 【준비해 봅시다】 ❷

### 제3과 친구

01 _ 【준비해 봅시다】 ❶
02 _ 【준비해 봅시다】 ❶
03 _ 【준비해 봅시다】 ❶
04 _ 【준비해 봅시다】 ❶

### 제4과 일상생활

01 _ 【준비해 봅시다】 ❶
02 _ 【준비해 봅시다】 ❷
03 _ 【준비해 봅시다】 ❶
04 _ 【준비해 봅시다】 ❷

### 제5과 학교 시설

01 _ 【준비해 봅시다】 ❶
02 _ 【준비해 봅시다】 ❶
03 _ 【준비해 봅시다】 ❷
04 _ 【준비해 봅시다】 ❶

### 제6과 학교생활

01 _ 【준비해 봅시다】 ❶
02 _ 【준비해 봅시다】 ❶
03 _ 【준비해 봅시다】 ❷
04 _ 【준비해 봅시다】 ❶

### 제7과 교통

01 _ 【준비해 봅시다】 ❷
02 _ 【준비해 봅시다】 ❶
03 _ 【준비해 봅시다】 ❷
04 _ 【준비해 봅시다】 ❷

### 제8과 전화

01 _ 【준비해 봅시다】 ❶
02 _ 【준비해 봅시다】 ❶
03 _ 【준비해 봅시다】 ❶
04 _ 【준비해 봅시다】 ❶

### 제9과 날씨와 계절

01 _ 【준비해 봅시다】 ❷
02 _ 【준비해 봅시다】 ❶
03 _ 【준비해 봅시다】 ❶
04 _ 【준비해 봅시다】 ❷

### 제10과 음식

01 _ 【준비해 봅시다】 ❶
02 _ 【준비해 봅시다】 ❶
03 _ 【준비해 봅시다】 ❷
04 _ 【준비해 봅시다】 ❷

# 03 색인

## 어휘 색인

## ■ 문법 색인

대학 생활을 위한
**한국어 말하기 (초급 I)**

**편저자** 연세대학교 한국어학당 교재편찬위원회
**집필진** 정희정 · 서명숙 · 김영희 · 김하나 · 박종후
**펴낸곳** 연세대학교 출판문화원

**주소** 서울시 서대문구 연세로 50
**전화** 02) 2123-3380~2
**팩스** 02) 2123-8673
ysup@yonsei.ac.kr
http://press.yonsei.ac.kr
**등록** 1955년 10월 13일 제9-60호
**인쇄** (주)동국문화
**삽화** 문춘경 외
**녹음** MS미디어
**성우** 윤미나 · 전광주

2015년 11월 3일 1판 1쇄    2025년 9월 29일 1판 5쇄

ISBN 978-89-6850-132-6 (08710)
978-89-7141-977-9 (세트)

값 22,000원